自宅をオフィスに！

小さくはじめる起業の教科書

ひとり起業の立ち上げ方・続け方

酒井とし夫 ファーストアドバンテージ代表取締役
Toshio Sakai

日本能率協会マネジメントセンター

はじめに

好きなときに、好きな場所で、好きな仕事をして、お客様に喜ばれて、自在に稼ぎ、人間関係のストレスゼロで働く生き方は楽しいと思いませんか？

小さくビジネスを始めるひとり起業家なら、あなたもそんな働き方・生き方が可能です。

ひとり起業家とは1人～数名程度の小さな規模で、好きな場所で、自在に稼ぐスモールビジネス起業家のことです。

組織を大きくして、社会に変革をもたらすような事業家ではなく、小商い、フリーランス、ひとりビジネス、小規模起業、個人事業主、スモールビジネスとして身の丈にあった規模で人間関係のストレスに悩まされることなく、人生も仕事もお金も時間も家族も大切にするビジネスのあり方です。

「そんな働き方は、自分に実現できっこない……」

そう思いますか?

そんなことはありません。

なぜなら私自身が28歳で独立して以降、ずっとひとり起業家として生きているからです。ひとり起業家としてのキャリアは30年近くになります。

私は、今、山と海と自然に囲まれた新潟県糸魚川の田舎に住んでいます。仕事場は自宅の2階です。目の前は田園です。車だと海まで5分、スキー場まで15分、温泉まで10分。庭で野菜も栽培しています。

こう書くと田舎で地味にひっそりと暮らしているように思うかもしれませんが、実際には本を書き、連載(一般財団法人新潟経済社会リサーチセンター月刊誌「センター月報」やJAグループ一般社団法人家の光協会発行「地上」等)を持ち、オンラインでコンサルティングやコーチングを行い、物販や投資も行い、さらに講演活動歴は12年を超え、今まで北海道から九州までほぼ日本全国の商工会議所、商工会を周り、パナソニック、富士通、NEC、シャープ、ファンケルをはじめとする上場企業や、新潟県庁、横浜市経済局をはじめとする行政団体、さらには銀行や信用金庫等の金融機関でも講演を行い、今でも毎週、飛行機や新幹線で移動しながら全国の講演会に登壇しています。

その過程で年間売り上げ1億円も記録しています。通常は年商1200万円~2000万円で推移しています。社員は基本的に私ひとり、そして家内に少し事務を手伝ってもらっている「ひとり起業家」です。

日常生活や仕事の時間は自分でデザインして、その合間に筋トレしたり映画を観たり、そして好きなときに猫と遊んでいます。

人間関係のストレスはゼロです。


「うらやましい！　けれど、自分にはそういう生き方はできない……」

と思いますか？

そんなことはありません。

日本では企業数について358・9万社のうち、大企業が1・1万社、中規模企業53万社、小規模事業者304・8万社と、実に全体の約85%を小規模事業者が占めていて、日本の経済を支えているのです（2016年のデータ、中小企業庁編『2019年版中小企業白書』）。

さらに、政府も人生１００年時代に向けて年金が不足する可能性から自助による経済的自立を促さざるを得ない状況になっており、今後は40代50代の早期退職者や定年後に独立して小規模ビジネスを始める人の割合は加速すると新聞などでも言っています。

つまり、日本の現実として、ひとり起業家という生き方が当たり前の時代になってきているのです。

しかし、独立した事業所の半数が1年で倒産し、10年後の生存率は1割以下というのもビジネスの世界の厳しい現実です。

そのため、小規模なひとり起業とはいえ、リスク管理や経営戦略と戦術の理解、そしてビジネスの仕組みづくりは必要不可欠です。

そこで、**30年近くひとり起業家として実際にスモールビジネスを行ってきた私が、実体験から学んだ小さなビジネスを成功に導くための準備と心構え、戦略と戦術、マーケティングと営業、Ｗｅｂマーケティングなどについて解説します。**

本書は、すでに小規模ビジネスを行っている方、フリーランスの方の仕事にも活用できるように書かれています。

すでに始めている人も、これから始める人も、あなたらしい働き方を実現するひとり起業家としての活動にお役立てください。

さらに、巻末にはひとり起業にすぐに役立つ特典も用意していますので、お楽しみに！

令和2年5月

酒井とし夫

小さくはじめる起業の教科書――目次

第1章 まずはじめに、陥りやすい起業のワナを知っておこう！

CONTENTS

第2章 起業に必要な8つのこと

第3章

起業の不安を打ち消す準備と心構え

第4章

ひとり起業で勝ち抜くための戦略と戦術

CONTENTS

第5章 早く成果を出すためのマーケティングと営業

第6章 成功のためのWebマーケティング

第1章

まずはじめに、陥りやすい起業のワナを知っておこう！

1

陥りやすい起業のワナ①

元手が多ければ、成功が早い

まず念頭に置くべきことは、小さな資金を元手に事業を始めようということです。

小さな資金で事業を軌道に乗せることができない人は、まとまった資金があっても決してうまくいかないからです。

私がはじめてビジネスを立ち上げるとき、資本金1千万円を集め、都心に事務所を借りて、人を雇い、写真を貸し出すフォトライブラリーという事業をスタートさせました。

6百万円ものお金をかけて貸し出し用の写真を数千点掲載したカタログを作り、数十万円もの広告費をかけてポスター等の販促物も作成し、広告も出しました。

しかし、その事業は3年で頓挫しました。

在庫の山を抱えたまま、事務所代も払えなくなり、私は一時期、無収入となりました。

その後、再起業をしましたが、そのときの元手はわずか30万円でした。自宅を事務所にして、自分で書類を作成して法人登録を行いました。最初に使った広告費は3千円でした。

当時はインターネットを使った情報商材（ＥブックやＤＶＤ）の販売を行ったのですが、そのビジネスは軌道に乗りました。日本全国から問い合わせが来るようになり、毎日フル回転で商品を発送するようになりました。

その評判は広まり、ついには全国で講演をするようになりました。さらに私はビジネス書の出版社から書籍を出すようになりました。

この経験から、身の丈に合わない大きな資金の投入は危険だと悟りました。

私は自分以外でも、最初に大きな資金を投入して失敗して、その返済だけで半生を過ごさざるを得なくなった何人もの人を見てきました。

だからまずはあなたも、**年収分の金額以下の小さな元手でリスクを低くし、慎重にビジネスを始める**よう、注意してください。

起業のツボ

ひとりビジネスで最初に投入する資金は最大で年収分の金額以下と心得、元手が数十万円でもビジネスを軌道に乗せることを考える。

2

陥りやすい起業のワナ②

がむしゃらに働けば、早く成功する

スモールビジネスの最大にして最高の経営資源。それは〝自分自身〟です。人でも金でも商品でも情報でもありません。

あなたの健康や体調がすぐれなくなるとスモールビジネスは立ち行かなくなります。

最高の経営資源である自分自身の体調管理については、会社員時代以上に真剣に取り組まねばなりません。規則正しい生活と睡眠、運動の習慣、バランスの取れた食事、飲酒される方は休肝日を設けたうえでの適度な量、そしてストレスの発散を適宜行うことです。

私は事業を立ち上げてからストレスと激務で二度胃に穴が空いて入院しました。さらに大怪我で長期入院も経験しました。

当然、入院中はビジネスが回らなくなります。売り上げが無くなります。

退院後もリハビリが続くので、思うようには仕事ができません。

スモールビジネスの最大で最高の経営資源は自分自身であることを痛感した私は、その後、毎日、規則正しい生活を送るようになりました。定期的に運動をし、毎朝欠かさずにストレッチをするようにしました。食生活や飲酒にも気をつけて、睡眠時間をしっかり確保するようにしました。出張先でも生活のリズムを崩さないように心がけました。

そのおかげで、今の私はつらつとして全国に広がったお客様のもとを訪れています。

ビジネスの立ち上げには多大な労力を必要としますが、最重要の経営資源が自分自身である以上、自分を管理する役目を果たすのも自分です。

がむしゃらに働くことは時には必要ですが、ひとりビジネスはあなた自身の「心と体の健康」が資本だということをくれぐれも忘れずにいてください。

起業のツボ

自分が心身の不調をきたしたらビジネスは立ち行かないと考えて、健康管理にはこれまで以上に留意する。

3

陥りやすい起業のワナ③

フランチャイズは、信用できる

独立や起業に際して、フランチャイズに加盟する人もいます。

フランチャイズに加盟するのは否定しませんが、本部側の集客のサポート体制には注意が必要です。

私は一時期、子供向けパソコン教室のフランチャイズに加盟していたことがあります。

加盟者はその本部に加盟料と毎月のロイヤリティを支払います。そして、教材と生徒募集のための販促ツール（チラシやポスター、パンフレット）を仕入れます。

加盟に際しては「これくらいの生徒数の入校があれば、売り上げはこれくらいになります。さらに生徒数が増えると、売り上げがこれくらいまで増えていきます。ここからロイヤリティと教材の仕入れ費用と広告・販促費を除くとこれくらいの利益が出ます」といった説明を受けます。

私は教室となる物件を用意して、ポスターや折込チラシを行いました。しかし、生徒はなかなか集まりませんでした。本部に問い合わせても、地域周辺の地図をもとに「では、次はこの地域まで広告を出してみましょう」とアドバイスがあるだけでした。

その広告に必要なポスターやチラシは本部から購入します。

駅貼りの広告掲出費、チラシの折り込み代、ポスティング費はすべて自腹です。

結局、数年続けたのですが、

「ロイヤリティ＋広告費＋販促費　＞　利益」

の状態を脱することはできませんでした。

そもそも、利益というのはお客様からしか生まれません。そのため、もしあなたもフランチャイズへの加盟を考えているのであれば、

「どうやって新規のお客様を集めるのか？」

「どうやって既存のお客様にリピートしてもらうのか？」

についての具体的で明確な経営指導ができる本部であるかどうかを確認してみることです。きちんとした仕組みができている本部であれば、これくらいの質問には明確に答えられるはずです。これらの質問に対して、「それはあなたの頑張り次第です」などと言うと

ころは避けるべきです。

前述の「これくらいの生徒数の入校があれば、売り上げはこれくらいになります。さらに生徒数が増えると、売り上げがこれくらいまで増えていきます」といった説明を聞くと、もっともらしく聞こえるのですが、この説明はあくまで理想的なストーリーです。

この説明は「もし、仮にうまくいった場合にはこれくらいの売り上げになります。しかし、それはやってみなくてはわかりません。この売り上げに達しない場合はすべてあなたの責任です」という意味です。

フランチャイズに加盟するのは結構ですが、盲目的に信用するべきではありません。

起業のツボ

フランチャイズに加盟する場合、本部のサポート体制がどこまでしっかりできているかをよく調べる。

4

陥りやすい起業のワナ④
良い商品さえあれば、ゼッタイ成功する

私は講演先で経営者の方たちと話をする機会があるのですが、そうしたとき、次のような質問をしたりします。

「御社の商品の特徴は何ですか？」

「他社とどう違いますか？」

最も多い答えは何だと思います？

それは、「質が高い」「一生懸命」です。

スモールビジネスを軌道に乗せるためには、質の良い商品やサービスは絶対条件です。

そして一生懸命にビジネスをすることも絶対に不可欠です。

でも、それだけではダメです。

良い商品を扱っているだけでビジネスが軌道に乗るのなら、町中にあるような小規模の

家電店であってもつぶれないはずです。

多くの個人事業主は朝から晩まで一生懸命に働いています。それなのに、税理士・公認会計士の組織団体ＴＫＣ全国会の調べによると、景気が良いと言われる時期でも中小企業の半分は赤字であり、ちょっと景気が悪くなるとその割合は7〜8割にもなります。

後ほどお話ししますが、スモールビジネスを軌道に乗せるには「良い商品（サービス）」を「販売する」ための「戦略と戦術」を「一生懸命」に考えて「売れる仕組みを作る」ことが大事です。

はっきり言うと、**良い商品を扱えばよい、一生懸命やればよいという考え方だけではビジネスはうまくいきません。それは、商売のスタートラインに過ぎません。**

起業のツボ

「良い商品（サービス）」を「販売する」ための「戦略と戦術」を「一生懸命」に考えて「売れる仕組みを作る」のがひとり起業の基本思想。

5

陥りやすい起業のワナ⑤

資格があれば、カンタンに起業できる

「資格は足の裏に付いた米つぶ」と言われます。つまり、取っても食えない、ということです。

私は、NLPやコミュニケーション系、心理学系などいくつか資格を有しています。

しかし、はっきり言いますが、「資格を取ったから食えるようになった」わけではありません。まったくの逆で、「食えるようになってから、資格を取った」のです。正直に言うと、私の肩書きを権威付けのために、ひとり起業をした後に取得したものばかりです。

資格があれば、お客さんが集まってくれるわけではありません。

巷《ちまた》にある、いわゆる協会ビジネスも同じです。たとえば、あなたがある人気の協会認定の資格を取得したとしましょう。人気の認定資格ということは資格取得希望者が多いということです。

あなたが支払った受講料は資格主催本部の利益になりますが、

「支払った授業料　＜　手に入れる利益」

の状態の人は私の周りでも山ほどいます。

今は弁護士資格を持っていても仕事に困る人がいる時代です。数日から数か月で取得できる、数万円〜数十万円の資格を取得したからといって、食えると思うほうがおかしいのです。

たとえ税理士資格や行政書士資格があっても、

「資格あります！　顧問先募集」

と事務所前に看板を出して、そんなことでお客様が集まるほど世の中は甘くありません。

資格を取って独立を目指す人も多いですが、資格を取るのは先に述べた「良い商品を扱えばよい」という考えと同じです。それは商売のスタートラインに過ぎません。

起業のツボ

資格はないよりはあったほうがいい、程度のもの。資格を取る時間があるなら、実際のビジネスの準備にその時間を充てる。

6

陥りやすい起業のワナ⑥
大手と取引すれば、安心

私が広告制作会社を立ち上げて独立したときのことです。大手就職情報サービス企業A社の下請けに入りました。私はそのA社の社名とディレクターという肩書の入った名刺を持って、相手先企業との打ち合わせを行っていました。

相手先企業からは私がA社の広告制作部門の社員のように見えますが、実際にはA社の下請けです。

私は相手先企業と打ち合わせを行い、広告制作を行いました。そのときのお金の流れは次のとおりとなります。

クライアント企業　↓A社　↓私

当然、私のもとに入る制作費はA社に中抜きされますから、受け取る利益は少なくなります。そのため、忙しく働いても、結局、利益はそれほど出ませんでした。

強い戦力を持つ者に弱い戦力の者が戦局を有利にするには何をすればよいかを説くランチェスターの法則によれば、**弱者の経営戦略の基本は狭い戦場の中での接近戦です。ビジネスで言うと、代理店を通さずにお客様と直接取引をするのが基本戦略となります。**

今の私は講演会の講師を主な仕事にしていますが、多くの講師志望者が講師派遣会社に登録をして仕事を得ようと考えます。つまり、仕事の流れは次のようになります。

講演会主催者　→派遣会社　→講師

これだと、前述の広告制作会社を立ち上げて独立したときと同じです。当然、手に入る利益は少なくなります。それ以上に問題なのは、受注確率です。

たとえば、講師派遣会社A社に登録している講師が100人いるとします。そして、講演会主催者から講師派遣会社A社に対して講師の派遣要請が来ます。講師派遣会社A社は登録している講師100人全員を主催者に紹介するわけではありません。せいぜい登録している100人のうち講演テーマに適した3~5人程度です。

それに加え、A社の同業の他社とも競合するので、講師として仕事を得るのは簡単なことではありません。

しかし、もし講師自身が講演会主催者にアプローチして交渉をすることができれば、競争確率がぐんと下がります。

この考え方が理解できれば、なぜ弱者は下請けに入ってはいけないのか、あるいは弱者は直接戦で仕事を行うべし、と言われるのかがわかるはずです。

あなたもスモールビジネスを軌道に乗せたいのであれば、下請けに甘んじるのではなく、直接取引できる仕組みを構築することです。

弱者事業者の戦いの基本は、直接戦です。

起業のツボ

ランチェスターの法則に則り、下請け（弱者）は直接戦ができる仕組みを作る。

7

陥りやすい起業のワナ⑦

知り合いは、頼りにできる

私は独立をするときに「独立したら協力するよ！」と周りの人から言っていただき、実際に仕事も発注してくれました。とてもありがたいことでした。

ただ、**独立して今の会社の取引先や同僚や友人などが温情で仕事を出してくれるのは1年までと思ってください。**

以前、保険業界の方にうかがった話です。保険外交員の多くは1年で契約が取れなくなるそうです。それは取引先・上司・同僚・部下・友人・知人・家族・親戚を一巡してしまうからです。温情で仕事を得たことの結末は往々にしてこれに近い感じです。

温情での仕事の受注は、あなたの商品やサービスの強み、他社との優位性、あなた自身の実力というフィードバックがもらいにくいものです。

このことを念頭に置かないと、「独立早々、皆が仕事を発注してくれた。やっぱり自分には才能と運がある」と勘違いしがちになります。

むしろ、ひとり起業家として独立するのであれば、最初から知り合いはお客様として想定しないという覚悟を持ったほうがいいかもしれません。

知り合いの温情に頼るなら、あなたのビジネスを利用することがメリットになるであろう人を紹介してもらうといったことはありえます。

ただ、自分のビジネスの実力を見極めるうえでは、知人以外の顧客を相手に小さな失敗経験を早く積んで、それを反省材料に改善に励むことです。ビジネスは困難に遭うほどに、力量が磨かれていくものだからです。

ビジネスは、試行錯誤、仮説→実行→検証→改善の繰り返しによって徐々に回っていくものだと思い、経験を数多く積み重ねていくことで経営実力が上がるのだと信じて、積極的に顧客開拓にチャレンジしてください。

起業のツボ

ビジネスのスタートは知人をあてにせず、これから顧客になってほしいと思う相手に積極的にアプローチする姿勢が大事。

8

陥りやすい起業のワナ⑧

広告を多く打つほど、お客は集まる

私は独立をする前は、広告代理店に勤務していました。

だから、広告や販促物の反応率を知っています。インターネットを使ったビジネスが日本で生まれた頃からネットで広告を行っているので、ネット広告の反応率も実体験として知っています。

だから言えるのですが、**集客や契約成立を目的とした広告や販促物に過度の期待をしてはいけません**。

たとえば、一般社団法人日本ダイレクトメール協会の調査ではDM受け取りに対して2・6％の人が「購入、利用した」という結果が出ていますが、これは郵送代金のみで84円×1000通のDMを送った場合、3230円以上の商品やサービスを提供していないと利益が出ないということです（左上の計算式参照）。

郵送料84円×1,000人=84,000円

1,000人×DMの平均反応率2.6%（0.026）=26人
（1,000通送付のDMのうち、26人が利用するとして）

84,000円÷26人=3,230円
（1人当たり3,230円以上の値付けをしないと元手は回収できない）

しかも私の経験で言えば、送布先の属性（性別、年齢、趣味嗜好、商品やサービスへの関心度合い）を考慮せずに普通にＤＭを送っただけではこれほどの反応率を引き出すことは難しいでしょう。

属性を絞り、よほどキャッチコピーやセールスコピーが上手く書けていて、商品特徴がはっきりしていないと反応率はもっと下がります。商品価格が１万円以上ではさらに反応率は悪くなります。

ＤＭに限らずチラシやビラを郵便受けなどに直接投入するポスティングも、丸一日かけて１０００件実施して反応がゼロということも普通に起こりえます。これは、私自身がパソコン教室を運営したときに実際に経験しています。

ターゲット層を絞りやすいフェイスブック広告も、クリック率は１％以下です。しかもこれは申し込み率、購入率ではありません。単なるクリック率です。

1クリック単価を格安で10円で設定していたとしても、広告をクリックしてサイトに1000件のアクセスを集めるだけで1000円のコストがかかるということです。

先ほどのパソコン教室を開校したときの話の続きです。来る日も来る日も想定顧客の住む地域のお住まいのポストにチラシを投入するポスティングを行いましたが、生徒はなかなか集まりませんでした。

私は「こんなに一生懸命にポスティングしているのに、なぜ生徒が集まらないのだろう……」と途方にくれました。

しかし、広告の反応率を理解していれば、それは当たり前のことだとわかったはずです。

起業のツボ

広告の反応率は思った以上に低いものだと理解し、費用対効果を考えて、広告や販促活動を考える。

第2章

起業に必要な8つのこと

9

ひとり起業を考える基本
経営の8大要因を押さえる

私が起業した頃の最大の悩みは次のことでした。

「何とかしなければならないが、『何を、どうすればいいのか』がわからない」

そのため、日々、悶々としながら所在無く時間が過ぎるばかりでした。

あなたに質問します。

「経営って、何からできていると思いますか？」

「商売って、何と何で構成されていると思いますか？」

なかなか、答えに窮する問いですね。

もし、パソコンに不具合が生じた場合、その構造を理解している人なら、電源ユニットやハードディスク、アプリケーションなどを調べて原因を究明するでしょう。パソコンを構成するパーツがわかっていれば、どこを修理すればよいのかがわかるということです。

経営も同じことです。**売り上げが上がらない、利益が出ないといった不具合が生じたとき、そのビジネスはどういうパーツで構成されているのかがわからないと修正のしようがないわけです。**

それにもかかわらず、実は多くの中小個人企業の社長も「何とかしなければならないが、『何を、どうすればいいのか』がわからない」という状態のままで経営を行っている人が案外多いのです。

その経営を構成する要素を明快に解き明かしたのが日本のランチェスター経営戦略の第一人者である竹田陽一先生です。竹田先生は経営や商売は原則として次の8つのパーツで構成されていると指摘されています。

(1)商品　(2)地域　(3)業界と客層　(4)営業　(5)顧客維持　(6)組織　(7)資金　(8)時間

この8項目です。これらについて、次項から個別に解説していきます。

起業のツボ

経営は「商品」「地域」「業界と客層」「営業」「顧客維持」「組織」「資金」「時間」の8つの観点から見る。

10

経営の8大要因① 商品

重点商品は10のポイントから決める

ひとり起業家としてビジネスを成功に導くには、重点商品をはっきりと決めることです。重点商品を決めるときの10のポイントを挙げます。

1. 自分の性格と合っていること

好きこそものの上手なれ。あなたの性格と合う、あなたのビジネス観に適した商品やサービスを扱いましょう。

2. あなたの過去の経験と関連があること

他の人の成功を見て真似しようとし、これまでに経験のないことで起業しようとする人がいますが、経験のない分野での起業はギャンブルと同じ、危険です。成功確率を上げるなら、これまでの経験を活かせる分野でチャレンジすべきです。

ただし、これまでにない商品やサービスをあなたが見つけ出した場合、強力な競争相手が登場するまで、そのビジネスは先行者利益を受けることになります。

３．強い競争相手がいないこと

経営資源の少ない弱者は強い競争相手との戦いは不利を強いられます。強者と正面から競合するビジネスは手掛けるべきではありません。

ただし、競合は多くても、その競合たちのビジネスレベルが低く、商品力や顧客対応力などに付け入るスキマ（隙間）があれば、優位性を明確にすることで勝ち目があります。

４．用途が明確であること

専用的であったり、特殊用途的なビジネス、あるいは市場規模が小さなビジネスはひとり起業向きです。その理由は見込み客の特定が容易になるからです。

５．すでに強い商品力があること

すでにお客様からの引き合いがあり、自社に強いビジネスがあれば、その分野に徹底的に注力します。

６．シンデレラ商品

特に広告や営業もせずに、ポツポツと売れる商品のことを経営学者のドラッカーは「シンデレラ商品」と呼んでいますが、こういった商品・サービスは市場規模が小さく、ニッチなビジネスで生まれることが多く、そもそも存在が知られていることが少ないので、潜在顧客にターゲットを設定して告知すれば、一気に顧客を獲得するチャンスが生じます。

私の場合でいえば、講演活動がこのシンデレラ商品に相当します。実は今までに一度も営業活動を行ったことはないのですが、年々問い合わせと依頼件数が増えてきたので、今では主な事業となっています。

また、私はインターネットで「マーケティング」「ビジネスボイストレーニング」「経営戦略」をテーマにした動画を販売していますが、一番長くコンスタントに売れ続けているのは、ほとんどSNSで紹介をしていない「あがり症克服」をテーマにした動画です。これもシンデレラ商品といえます。

7．大量生産がしにくいこと

大量生産品を扱うのは強者の戦略になります。ひとり起業では手作り品や少量生産品を扱うのが原則となります。

8．保存が難しいこと

生鮮品や取り扱いが面倒な商品は人の力による作業が必要になりますが、大手企業はこういった商品の取り扱いには参入したがりません。

そのため、経営資源の小さなひとり起業家にも勝機があります。

9．必要とされながらも競争相手が少ないこと

ツライ、キツイ、泥臭い、長時間労働……、しかしながら世の中には必要とされているビジネスがあります。そうしたビジネス分野、たとえば警備、監視、長距離運送、清掃、梱包、荷運び、深夜営業店、死や病に関わる仕事、危険作業や高所業務などは小さく始めれば、競争相手も少なく、リスクが低いといえます。

10．あなたの資金力で対応できること

まず起業するのにどれだけ資金が準備できるかを計算し、生活を脅かさないようにリスクを考えながら、その資金で小さく始めることが、ひとり起業スタートのうえでの留意点です。無理に資金調達するのは絶対に避けるようにします。

起業のツボ

取り扱う商品（サービス）は自分が熟知した分野で競争相手が少ない隙間を探し、その商品の優位性が明確であることが基本。

11

経営の8大要因② 地域

戦いに有利な立地を吟味する

もしあなたと競争相手の商品・サービスの質がそれほど変わらなければ、攻撃力は兵力数に比例します。つまり、営業マンの数や店舗数が多いほうが勝つということです。

そのため、**ひとり起業家は競合が力を入れていない、限定的なエリアを重点的に攻めるのが定石です**。広い地域で営業活動を行ったほうが売り上げが上がるように考える人が多いのですが、広い範囲を商圏にすると告知に関わる経費が増えて、利益を圧迫します。

さらに問題なのは、移動時間が多くなることです。

営業で要する時間は、「移動」「事務作業」「顧客との商談」の大きく3つに分かれますが、このうち、**利益を生むのは「顧客との商談」だけですので、できるだけこの時間を確保するようにします**。それには営業範囲を広くして多くの顧客を訪問するより、狭いエリアに集中してきめ細やかな対応をしたほうが納品やアフターフォローなどが速やかに行え、顧客サービスの質も上がります。

また、店舗へ集客するビジネスの場合、次のような場所はなるべく避けるべきです。

・大規模工場等の近隣

小売店や飲食店の場合、工場の稼働時間外の利用で採算がとれる見込みがなければ、こうした場所に店舗や事務所を構えるのは適切とは言いがたいです。

・建物の2階や地下

1階にある店舗と比べて来店者が半分から4分の1程度になります。よほど特色のある商品を扱うお店でないかぎり集客力が落ちます。

起業のツボ

狭いエリアをこまめに回れる場所を拠点にし、顧客とのコミュニケーションの質の向上を図れるようにする。

12

経営の8大要因③　業界と客層

誰を相手にビジネスするかを吟味する

ひとり起業の基本は客層を絞ることです。また、対象は法人の場合と個人の場合があります。それぞれについて注意点を説明します。

1．法人を対象とする場合

ひとり起業家の場合、**商品に特別な魅力や付加価値があり、あなたの営業能力が高い場合以外には市場規模が小さい、売上規模が小さい会社を選ぶのが基本です。**

市場規模が大きく、売上規模が大きな会社と取引をすると自社の売り上げも多くなると思う人がいますが、このような法人にはすでに商品力が高く、技術力があり、営業能力の高い大きな会社が何社も取引を行っています。

そのため、後発でしかも小さな規模のひとり起業家では競争に巻き込まれてしまい、値下げ要求も厳しいので利益も少なくなります。

市場規模が小さく、売上規模が小さいがために大手企業や強い競争相手が本腰を入れていない業界や企業があります。そこに注力するのが基本になります。

２．個人を対象とする場合

一番やってはいけないのは老若男女すべてを対象にすることです。男性と女性では趣味嗜好や購買の基準も異なるので、ひとり起業はどちらかに集中すべきです。

もし、あなたがひとりで起業するのであれば、**お客様の対象性別は同性。対象とする年齢の上はあなたの年齢プラス15歳、下はマイナス５歳の幅とするのが基本です。**その中で自分が競合に勝てる客層を相手にすることになります。

また、個人客を対象とする場合には、明確な顧客像をイメージするために次ページにあるペルソナシートを作ることをお勧めします（ペルソナとは「人格」という意味）。

起業のツボ

自分の感覚でわかる業界や顧客層を相手にすることでリスク低減を図る。顧客を具体化するにはペルソナシートを作る。

想定顧客を具体化するためのペルソナシート（例）

名前	吉岡 孝
性別	男性
年齢	48 歳
身長	175 cm
体重	75 kg
家族構成	□独身　■既婚 ■子供　2人　20才女　17才男 ■両親同居　□一人暮らし □一戸建て　□マンション　□アパート □恋人有無　■ペット
勤務先・職業 担当業務内容	株式会社令和自動車部品工業 情報システム部で社内システムの開発、構築、運用、保守を担当
年収	600 万円
住所	東京都中野区
通勤時間	1時間
最終学歴	大学卒
お小遣い	1か月に自由に使える金額　4万円
衝動買い金額	背伸びをすれば1回の買い物で使える金額　10万円
趣味	オートキャンプ
休日の過ごし方	スポーツクラブ
好きな有名人	サンドウィッチマン
触れる媒体	■TV　□新聞　□ラジオ ■雑誌　■スマホSNS　□パソコンSNS
電話	■固定電話　□ガラケー ■iPhone　□Android
優先順位	【4】仕事　【5】お金　【1】家族 【6】人間関係　【2】趣味　【3】健康
悩みや解決したいこと	仕事が忙しくて自由な自分の時間が取れない。 社内での人間関係にストレスを感じる。
顧客のゴール	起業準備を進めながら、将来的に地方に移住してテレワークスタイルでマイペースで仕事をして趣味を楽しみたい。
その他	

13

経営の8大要因④　営業
営業の基本セオリーを理解する

営業と一口に言っても、大きく分けると次の４つに分類されます。

①見込み客発掘　②契約締結　③リピート購入　④紹介獲得

営業というと、②契約締結をイメージする人が多い傾向がありますが、実際にはその前に**①見込み客発掘というステップが必要です。この①をしっかりやっておかないと、そもそものビジネスの対象が定まらず、無駄が多くなります。**

一般的には、営業マンは見込み客に対して「熱心に売り込みをする」ことが良いとされます。しかし、このような営業方法は、営業マンのセールス能力が高く、精神的にタフで、ねばり強い人が揃っている会社やお店でのみ成功する手法です。

また、商品や会社自体の知名度が高いほうが有利になるのが普通です。

そこで、信用力という点でハンデのあるひとりビジネスは１回で相手に商品やサービスを売り込むのではなく、**「2ステップ販売」**という方法をお勧めしたいと思います。

この「2ステップ販売」はサプリメントなどでよく行われています。まず、**少量のサンプルを無料やワンコイン（500円）で試していただき、その商品に納得していただいた方には通常商品を販売する方法**です。

直接売り込まず、無料サンプルを試用してもらうのは、自社商品に関心の高い人たち＝見込み客、つまり「見込み客発掘」を確実に行うためです。顧客のニーズがはっきりしているので、成約確率も高くなります。これが「2ステップ販売」です。

ところで、ランチェスター経営戦略の第一人者である竹田陽一先生によると、経営が成功する要因の割合は次のようになっています。

(1)営業関連（地域、客層、営業、顧客維持）　53％
(2)商品・サービス　27％
(3)組織　13％
(4)資金　7％

これを見るかぎり、まずは**営業と商品・サービスを優先的に注力すべき**ということです。

裏を返すと、営業活動が弱く、商品・サービスに競争力が脆弱だと、優秀な人を集めたり、資金に余裕があったりしても成功することは困難だということです。

反対に、協力者や資金が十分でなくても、営業と商品・サービスがしっかりしていれば、ひとりビジネスはうまくいくということです。

そのうえで、営業には特に注力します。俗に言う**「商品三分に、売り七分」**です。

しかし、多くの人が「商品やサービスが良ければ売れる」と考えているようです。そうした人に私は「商品が良いのはわかりましたが、それをどうやって売るのですか?」と訊きます。すると大半の人が口ごもるような曖昧な答えしか返してきません。

ビジネス、つまり商売とはその名のとおり、「売る」ことです。ひとりビジネスであろうが大規模ビジネスであろうが販売戦略がなければ、いくら良い商品・サービスを持っていても倉庫に置いたままです。倉庫に置いたままは極端な話に聞こえるかもしれませんが、**「ビジネスは営業が命」**は真実です。

起業のツボ

ビジネスは商材が良いことは基本だが、それを「誰に」「どうやって」売るのかを具体的にイメージして行動することが成功の第一歩である。

14

経営の8大要因⑤ 顧客維持

お客様との接点を常に維持する

ひとりビジネスは始めた当初はお客様の数が少ないのが普通です。その少ないお客様を失わないようにする基本は、お客様から忘れられない施策を講じることです。

人間の記憶について心理学者のエビングハウスという人の実験によると、新しく覚えたことのうち意識しないと、人間は20分後にはそのことの42%を、24時間後には67%を、1か月後には80%近くを忘れてしまうそうです。簡単に言えば、何も接点がないままでいれば、時間の経過とともに人の記憶は薄れていくということです。

みなさんも経験したことがあると思いますが、良い営業マンほど頻繁に顧客回りをしています。

ビジネスでは「市場シェア」も大事ですが、**ひとり起業家にとってはお客様の記憶に残る「脳内シェア」も大切です。つまり、お客様の頭の中でどれだけあなたのことを覚えて**

おいてもらえるか、ということです。

お客様がある商品やサービスのことを気に留めたときに、一番にあなたのことを思い出してもらえるかどうかがリピート化のカギになります。**売り上げの5～6割がリピート依頼になれば、ひとり起業の経営も安定軌道に入ってきます。**

そのため、あなたやあなたの商品、会社のことを覚えておいてもらえるような仕組みが必要です。たとえば、次のような行動を習慣化します。

「定期的な訪問や電話」「マメな礼状」「年賀状や暑中見舞いなど季節の挨拶」「誕生日や記念日のお祝い状」「小冊子やメルマガ、SNSなどでの情報提供」

私は年間に2000枚ほどお礼状を書き、10年以上定期的にニュースレターを発行して、日々SNSを発信し続けています。こうしたことを日常習慣にすることがお客様との関係維持のポイントだと思っています（162ページを参照してください）。

起業のツボ

お客様との接点を常に持つように、定期的な訪問や電話をはじめ、お礼状や季節の挨拶などをビジネスの習慣として定着させる。

15

経営の8大要因⑥　組織

外部の力を活用する

原則として、ひとり起業では固定費を生む組織を作るということは考えません。小さな起業では自分の強みに専心・集中することが重要であり、**弱みがあればその対応は「アウトソーシング」や「チーム」を考えます。**

アウトソーシングの場合には、ネット上でも仕事発注者と在宅ワーカーとのマッチングを行う次のようなサービスもあるので、これらを活用するとよいでしょう。

- クラウドワークス　https://crowdworks.jp/
- ランサーズ　https://www.lancers.jp/
- ココナラ　https://coconala.com/

あるいはSNSを活用している場合には、たとえばフェイスブックで「ワードプレス用ヘッダー画像のデザインができる人を探しています」「セールスコピーが書けるライターを探しています」「在宅で記帳代行してもらえる方を探しています」などと投稿すれば、フォロワーの中からパートナーが見つかる場合があります。

細かな打ち合わせはＬＩＮＥやメッセンジャー、あるいはＺｏｏｍのようなオンライン会議を開催できるアプリを活用すれば、遠隔地にいる相手であってもスマホやパソコンを使って行うことができます。

もちろん、自分以外の手を借りるという場合に家族の協力も不可欠です。発送、書類作成、経理業務、受付対応等で身内にお願いできるものがあれば担当してもらいましょう。

チラシやＤＭといった簡単な販促ツールの制作などは、デザイナーにアウトソーシングしなくても、ネット印刷のサイトを利用するとオンラインで加工できるテンプレートも充実していますので、文字入力ができれば素人でも見栄えの良い販促ツールの作成も容易です。

もし、組織力が必要な仕事が発生した場合には、チームで対応することを考えます。

その都度必要な専門家を集めるのです。私も企業研修を請け負った場合に一人では対応できないことがあります。その際には自分はマーケティング指導やコミュニケーション指導を担当し、資金の話は「会計の専門家」に、接遇の研修部分は「マナーの専門家」に、商品陳列の研修部分は「ディスプレイの専門家」に、POPの作り方は「POPの専門家」を集めて担当してもらい、研修の仕事全体を請け負っています。

このようにひとり起業では組織づくりではなく、「アウトソーシング」や「チーム」で仕事に対応することを考えます。

起業のツボ

ひとり起業家は従業員を雇用する固定費増のリスクを避け、外部で活用できるサービスや家族の協力などで事業を回すチームを考える。

16

経営の８大要因⑦　資金

自己資金を基本に考える

起業のための資金調達には次のような方法があります。

●自己資金

ひとり起業の場合には、自分の預貯金を経営資金とするのが基本です。

●親族や知人からの借り入れ

知人から借り入れるときには後々のトラブルを避けるためにも据え置きは何年で、何年払いで返済するか、利息はどうするかなど、返済のための書類を作っておくことが大切です。（法人化して株主として出資してもらう場合は会社が破産した場合でも個人に返済義務はありません。）

●金融機関からの融資

起業時に銀行や信用金庫からの借り入れを考える人は多いのですが、審査が厳しく担保や保証人も必要になる場合が多くなります。

●制度融資

制度融資とは金融機関、地方自治体、信用保証協会が連携して提供する融資のことです。地域によって制度や融資、保証内容に違いがありますので、各都道府県にある信用保証協会や自治体の窓口で「制度融資」について相談してください。

●新創業融資制度

日本政策金融公庫国民生活事業では、新規開業者のために無担保無保証人で融資をしてくれる制度があります。詳細は日本政策金融公庫のサイトで確認できます。(「日本政策金融公庫　新創業融資制度」で検索)

●補助金・助成金

各自治体には、創業に関わる様々な補助金や助成金の制度があります。たとえば、東京都であれば女性や39歳以下または55歳以上の男性を対象として創業融資を検討する「女性・若者・シニア創業サポート事業」や、公益財団法人東京都中小企業振興公社で実施している創業から間もない中小企業者向けに経費の一部を助成する「創業助成事業」、東京商工会議所で行っている創業支援融資保証制度等があります（２０２０年4月1日時点）。グーグルなどであなたの住む都道府県名に「創業補助金」や「創業助成金」と入力して検索できます。

●クラウドファンディング

近年、インターネット上で事業資金を調達するクラウドファンディングが話題です。クラウドファンディングには資金を提供してくれた方にお礼として商品やサービスを提供する「購入型」と、商品やサービスを提供する必要のない「寄付型」がありますが、創業資金を集める場合には「購入型」がメインとなります。

もし、多くの人から資金提供を受けることができた場合には、商品や新サービスの認知度が一気に高まる可能性がありますし、資金の調達状況や反応から潜在的なニーズの有無も図ることができます。

資金調達を行うにはクラウドファンディングサービス会社に支援依頼を行いますが、利用申込は無料で資格条件はなく、目標資金額を調達できた場合にサービス会社へ手数料を支払う形になりますので、興味のある方はサービス会社に相談してチャレンジしてみるのもよいでしょう。

起業のツボ

リスクの最小化のために、無理せず用意できる自己資金が基本。自治体の融資制度の税務や経営の専門家のアドバイスも検討。

粗利益	100万円
営業経費	90万円
経常利益	10万円

（さらに経常利益の10万円から税金の支払いが発生します。）

17

経営の８大要因⑧　時間

商談時間を優先的に考える

ビジネスには、交通費や事務所代をはじめとする様々な経費がかかります。

訪問型営業の場合、仮に売上から原価を引いた残りの粗利益が１００万円だとすると、経費と利益の関係はおおよそ上図のような内訳になります。

この内訳を見てわかるとおり、**「営業経費」＝「ひとり起業家本人に関わる経費」が粗利益のおよそ９割を占めています。**

ひとりビジネスの場合、自分自身が使う経費が一番負担になるということです。具体的にはあなたの給与、移動交通費、交際費、広告宣伝費、通信費、消耗品費、水道光熱費、保険料等です。

そのため、あなたの日々の時間の使い方や経費の使い方が粗利益を左右します。そして、粗利益を作るべきあなたが日々行う仕事時間は前述したように、①移動時間、②社内業務時間、③お客様との商談などの時間、の3つです。そして、利益を直接生むのは③です。

つまり、**利益を最大化するには、「商談」の時間を増やすような活動時間の配分が大事になるということです。**「商談」はお客様との直接的なコミュニケーション時間ですので、ここを優先的に考え、「移動」や「社内業務」はできるだけ効率化するようにします。「移動」については、訪問営業ならエリアを決めて効率的に回るようにすればいいですし、「社内業務」はいっそのこと、外部に依頼するという方法もあります。

起業のツボ

優先すべき「お客様との商談などコミュニケーションの時間」を十分に確保するために、「移動時間」と「社内業務時間」を効率化する。

第3章

起業の不安を打ち消す準備と心構え

18

起業準備のスケジュール

1年前から準備をはじめる

ひとり起業といえども事業の立ち上げにはやることがたくさんありますので、少なくとも起業する1年前から準備をすることをお勧めします。

以下に準備項目とおおよそのタイムスケジュールを記しますので、あなたの起業準備の参考にしてください。

●1年以上前～

□事業アイデア検討

自分の経験、知識、能力で開業できる事業領域を探します。

□情報収集

業界の動向調査、競合調査、ビジネスモデル調査、他社の商品情報や営業方法に関する情報を入手し、自社の優位性を調べます。

□事業内容の決定

起業する事業内容を明確にします。

□事業計画書作成

商品、想定顧客、営業地域、販売方法、収支計画等を具体的にします。借り入れを行うのであれば、「会社概要」「製品・サービス情報」「市場分析」「優位性」「事業リスク」「経営計画」「1年～5年の収支予測」「1年～5年の資金計画」の作成も必要です。

□資金調達

自己資金以外の資金が必要な場合には金融機関からの融資のほか、国や自治体、民間団体からの助成金や補助金を受けることもできます（ネットで「起業 助成金 補助金」等で検索）。融資も助成金や補助金も提出書類が多くなります。その作成には手間と時間がかかるので早めに準備しましょう。

□許可証等取得

事業化に際して認可が必要な場合は、許可や資格を取得します。たとえば飲食店を始めるなら「食品営業許可」、不動産業を行うなら「宅地建物取引業免許」、中古品の売買を行うなら「古物商許可」が必要です。

□経営知識のインプット

事業を始めると、まとまった時間を取ることが難しくなります。自治体や商工団体の主催する創業塾や民間で開催されている起業経営セミナー等に参加して経営のイロハを学びましょう。

□家族との相談

ひとり起業を軌道に乗せるには、家族の支援が不可欠です。家族への相談、報告は十分な時間を取り、理解や協力を必ず受けてください。

●半年前〜3か月前

□開業場所の選定

飲食店や小売店では、立地や人の流れで売り上げが大きく左右されます。教室やサロンが必要なビジネスであれば、間取りや交通の便、駐車場の確保等も考慮せねばなりません。エリアの昼夜人口状況や競合の出店調査も必要です。店舗や事務所を借りる場合には、不動産契約の締結も必要になります。

□勤務先への報告

会社で相応の立場にある場合には、仕事の引き継ぎにも時間がかかります。また、就業規則で退職する場合に申し出る期間が設定されていることもありますので確認しましょう。

□従業員募集

従業員やアルバイトを雇う場合は、募集と採用活動を行います。コストをかけずに行うためには、友人知人からの紹介や地元のハローワークを活用することになりますが、近年は募集を行っても人が集まりにくい状況なので、早め早めに活動しましょう。

●３か月前～１か月前

□法人化準備

法人化するのであれば、定款の作成、登記申請、資本金の払い込み、行政等での手続きが必要です。自分で行うことも可能ですが、２か月程度はかかり、準備書類もたくさんあります。一般的には、地元の司法書士や税理士事務所、会社設立の代行会社に依頼することになります。

□営業や広告ツールと事務用品準備

会社案内や業務案内、営業資料、名刺、挨拶状、看板、メニュー、ホームページ、チラシ、ＤＭ、封筒、印鑑、請求書、領収書等の準備が必要です。

□備品準備

机、椅子、電話、コピー複合機、パソコン、オフィス用品の準備を行います。

□仕入れ

商品や原材料の仕入れが必要な場合には、その手配を行います。

□会社退職

勤務していた会社が仕事上のクライアントやパートナーとなることもあります。円満退社を心がけてください。

●1か月前

□各所に必要書類提出

税務署に「個人事業の開廃業等届け出書」「所得税の青色申告承認申請書」の提出、地方自治体に「事業開始等申告書」の提出、従業員がいる場合には税務署に「給与支払事務所等の開設届出書」の提出、労働基準監督署に「労働保険関係成立届」の提出、ハローワークに「雇用保険適用事業所設置届」の提出を行います。（提出期限は提出先、自治体によって異なりますので注意してください。）

□営業、広告活動開始

開業に向けて、営業活動や広告活動を開始します。

起業のツボ

ひとり起業といえども、役所への届け出など様々な手続きがあり、それぞれの手続きに要する作業や日程をよく理解しておく。

19

起業へのマインドセット

開業当初から成功すると過度に期待しない

すでに起業した先輩たちはどのようにビジネスを考え、計画し、事業領域を決め、自分の強みを見出し、自らの気持ちを奮い立たせたのでしょうか？

実は先輩たちも「失敗しないだろうか？」「うまくいくのだろうか？」と不安の中で起業した人も多く存在します。それぞれについて解説します。

●失敗は成功の素と考えよ

禅問答のように聞こえるかもしれませんが、多くの起業家は失敗を避けるから失敗します。

あるいは、失敗を計算に入れないから最終的に失敗します。

がっかりするかもしれませんが、あなたが起業すると必ずと言っていいほど失敗を経験します。

でも、失敗は成功するために必要なことなのです。想定内のことです。

最終的に**ひとり起業で成功する人と失敗する人との大きな違いは、これから10回中９回失敗しても致命的なダメージを得ないように「小さく失敗している」ということです。別な言い方をすれば、「リスクを管理する」という考え方です。**

失敗というのは、次のようにイメージするとわかりやすいかもしれません。

袋に10個の玉が入っています。10個の玉のうち１個が「成功」の玉です。９個は「失敗」の玉です。あなたは玉を１つ取り出すときに、ゲームの主催者に手持ち資金からお金を払います。さて、どうすれば確実に「成功」の玉を手に入れられるでしょうか？

その答えは、時間をかけて10個の玉全部を袋から取り出すことができれば、必ず誰でも「成功」を手にできます。

この場合のポイントは２つあります。１つめは「途中で諦めて止めないこと」、２つめは「ゲームに参加を続けるための手持ち資金を無くさないこと」です。

ここで理解しなくてはいけないことは、**確実に「成功」を手に入れるためのポイントは**

「失敗」を避けることではなく、「失敗」を想定内と受け止めることです。

実際には「成功」の玉は何回目に手に入るのか誰にもわかりません。もしかすると4回目かもしれませんし、7回目かもしれません。10回目かもしれません。だからそこまでにたどり着くために、ひとり起業家は致命的なダメージを負うような「失敗」はしてはいけないのです。

これは、商品開発のときに行うテストマーケティングやコンビニ等の小売店で行われている単品管理の考え方と原理は同じです。

「明日のことは誰にもわからない」というのは1つの真理です。

だから、小さく10個の商品をテスト販売して、最も売れる商品を大量生産するわけです。

この場合でも1個の売れる商品（成功）を手に入れるために、9個の商品は無駄（失敗）になるのです。

でも、1個の成功が起業に大きな収益をもたらすのです。

コンビニでもどの商品が売れるのかは実際には店頭に並べてみないとわからないのです。

だから、毎日売れ行きをチェックして、売れた商品（成功）は追加発注をかけて、売れない商品（失敗）はどんどん入れ替えることになります。**失敗をしながら、成功を見つけるというイメージです。**

そのため、あなたも「起業しても何度も失敗すること」を想定内であると考えて、過度に失敗を恐れずに事業プランを練ってください。

●多くの人に売らなくてもいい

「この商品はあまり売れないいんじゃないか？」「それほど需要がないのではないか？」と考えると起業に対する壁が高くなります。また、周りの人から「そんなの売れないよ」と言われると起業への自信が揺らぎます。

しかし、ちょっと次のことを考えてみてください。たとえば、音楽CDなどで「ミリオンセラー」というのは100万枚売れたということです。もの凄い数です。日本の労働人口は6700万人程度です。一体このうちの何割が購入するとミリオンセラーになるのでしょうか？

100万枚÷6700万人×100＝1・49％

となります。

ということは、ミリオンセラーといえども100人のうち98人は買わない、ということになります。どんなに大人気のアーティストであっても、100人中98人は「買わない」ということになります。

何を言いたいのかというと、**「万人に受けるビジネスは存在しない」**ということです。起業に際して完璧な準備をしようとする人がいますが、所詮人気アーティストであっても100人中98人は「買わない」のです。

ひとり起業の場合にも、100人中の1人のお客さんだけで十分な利益は出ます。熱烈なあなたのファンが100人中に1人いれば商売は成立します。

100人中に存在する1人に売れればいいと考えると、起業の可能性が広がります。

●自分の強みを活かせばよい

あなたが起業を軌道に乗せたいのであれば、自分の能力を自分のために使ってはいけません。**あなたの能力を「顧客のため」に使うようにすると、結果として「あなた」に成功**

がもたらされます。

難しく考える必要はありません。演技が上手なら、その能力を活かして顧客に感動を与えたり、勇気を与えればよいのです。顧客のために使うのです。

話が上手なら、顧客が理解しやすいように話の構成を考え、平易な言葉で話してあげて得になる情報を知らせてあげればよいのです。顧客のために話術の能力を使うのです。

計算が好きなら、計算の苦手な人のために自分の能力を役に立てればよいのです。

ファッションに興味があって知識とセンスと興味を持っているなら、その能力を顧客のために活かせばよいのです。

手先が器用なら、それを活かして顧客のためにビジネスを行えばよいのです。

コツコツと継続する能力があれば、コツコツ継続をする能力を持たない顧客のためにビジネスを行えばよいのです。

料理が好きなら、料理下手で悩んでいる顧客のために自分の能力を活かせばよいのです。

勉強が好きなら、勉強ができずに悩んでいる顧客のためにビジネスを行えばよいのです。

英語が得意なら、英語で悩んでいる人のためにその能力を役立てるのです。

ひとり起業では、まず社会や国のことを考えなくても構いません。目の前にいる顧客のために自分の能力を使えばよいだけです。

●下座を客とすれば誰でも起業できる

パソコン教室の顧客は、パソコン操作のできない人です。パソコンができない人からお金を頂いて、それが売り上げになるわけです。

すでにパソコンができる人にさらに難しいこと、高度なことを教えてお金を頂くより、パソコン操作ができない人からお金を頂いたほうがビジネスとしては簡単です。

広告代理店の顧客は、自分で広告の手配ができない人です。企画会社の顧客は、自分で企画ができない人です。絵画教室の顧客は、上手に絵が描けない人です。農家の顧客は、自分で野菜や米の栽培ができない人です。介護施設の顧客は、自分で介護ができない人です。医者の顧客は、自分で治療ができない人です。

「今、自分で持っている能力や技術を、それを持っていない人に向けて売ると利益が出る」というのがビジネスの原則です。それなのに、起業志望者の多くがこの単純な原則を知らずにいることが多いような気がします。

自分の能力がCランクなのに、AやBランクのお客様を相手にしなければ、ビジネスとして成り立たないと思っている人が大勢います。自分の能力がAやスーパーAならAやBランクのお客様を対象にしてもOKですが、自分の能力がCランクであればD、E、Fランクのお客様を相手にしたほうが事業は軌道に乗りやすくなります。

もちろん、徐々に自分の能力や資金や技術をC→B→Aと高めていくことは大切です。でも、起業したばかりでは能力も資金も技術もないのが当たり前です。その状態でAやBを相手にしようとするから、なかなか上手くいかず、結局、自信喪失と資金ショートに陥ります。

起業したばかりで経営資源も能力も低い場合には、最初から難しいことに手を出したり、Aランクのお客様を相手にしようと考えず、あなたの今ある能力、技術、資金で勝負できる下座の客層をターゲットにすると起業へのハードルが低くなります。

●ひとり起業では土俵選び考えよ

「あの人は優秀だ！」「彼はできる‼」「能力がある。」……何を基準として優秀と判断するか、何を基準として能力があると判断するかは、実は「土俵」によって変わってきます。セールスという「土俵」で戦っている方にとっては説得の上手さは「能力」になるかもしれませんが、それは経理という「土俵」では優秀であることの判断基準にはなりません。また、数字に細かく、事務処理に優れていることは経理では優秀かもしれませんが、グラフィックデザイナーとしての「土俵」ではそれは必ずしも優秀さの条件ではありません。

もし、あなたが「自分に自信がない」「自分には能力がない」と思っていたとしても、それはあなたの能力の問題ではなく、あなたが今立っている「土俵の選択の問題」である場合があります。

もしかすると、あなたに能力がないのではなく、数字が嫌いで本当は客商売が好きなのに、たまたま人生の偶然のめぐり合わせや過去の成り行きで会計事務所の内勤になっているだけなのかもしれません。それでは苦痛なのは当然です。

人間は無意識に苦痛を避けるように行動しますので、「自分に合わない土俵」で戦い続けることは、最終的には物質的、精神的、金銭的な不満足を引き起こします。

会社員であれば社の方針に従い、与えられたフィールドで力を発揮しなければならないときもあるでしょう。でも、起業家としてスタートを切るなら、自分はどの土俵に立つのか、そこで何をするか、どう行動するか、どこを目標地点にするかはすべて「自分の選択」になります。

あなたはどの「土俵」に立ってもよいのです。「不得意な土俵」でわざわざ勝負に出る必要はありません。無理をしてはダメです。無理とは「道理に反すること」です。道理に反することは長くは続きません。道理に反することも最終的には物質的、精神的、金銭的な不満足につながります。

起業するとあなたはこれからの人生の大半を選んだ、その「土俵」で過ごすことになります。何十年も過ごすかもしれません。「今までのしがらみ」や「儲かりそうだから」「人に薦められたから」「テレビで紹介されていたから」「かっこよさそうだから」「何となく」といった理由でこれからの「土俵」を選んではいけません。

どんなにその土俵が「儲かる土俵」であっても、自分に合っていない「土俵」や、無理をしなければならない「土俵」なら、起業家人生の途中で挫折する可能性が高くなります。

あなたにとって最善の「土俵」はあなたにしかわかりませんし、あなたにとって最善の「土俵」はあなたにしか決められません。十分な時間をとって「自分の能力が発揮できる土俵」、「大好きな土俵」を考え抜いてください。

●起業に必要なものはすでに自分の中にある

「起業するためには、今の自分にはない別の能力が必要」「起業するためには、今の自分にはない別のお金が必要」「起業するためには、今の自分にはない別の人脈が必要」「起業するためには今の自分には無い別の技術が必要」「起業するためには、今の自分にはない別の○○が必要……」と私はずっと心のどこかでそう思っていました。

会社員時代の私は表面上「いつも頑張って」いましたが、心の奥では「自分には才能も、能力も、お金も、人脈も、人材も、技術もない。だから成功はできないし、お金持ちにもなれないのだ。自分の人生はこんなものなのだ」と思っていました。

だから、ずっと「自分の外に存在するであろう成功の種」を何十年も探し回っていました。つまり、「青い鳥」を探していたのです。

でも、自分にないものを探して、見つけたとしてもそれは自分のものではありません。自分にないもので自分の人生をどうにかしようと思ってもそれは自分にはないものなのですから、それで自分の人生を構成することはできないのです。

多くの人が自分にないものを探しています。それは「今の自分には◯◯がない。だから、自分の人生は自分でどうすることもできない」と言っているのと同じです。これは成功できないままの自分への言い訳です。自分に言い訳をするために、「自分の外に存在するであろう成功の種」をいつまでも追い続けるのです。追い続けるのを止めると自分への言い訳ができなくなるからです。

でも、**実はあなたが好きなこと、他の人よりちょっとだけ優れていること、他の人より少し興味が強いこと、昔から得意だったこと、経験してきたこと、今ある手持ちの材料、手持ちの人脈、そういった「今までの自分」や「今の自分」の中に成功の種子はあります。**自分では「他の人よりちょっと優れている程度」だと思うことでも、実はとても大きな大きな成功の種子だったりします。

すでに自分にあるものは小さく、弱く、無価値のように思え、いまだ自分にないものは大きくて、強くて、質が高そうで、上手で、高価に見えますが、それは「隣の芝生は青く見える」のと同じです。

起業して30年経つ今の私にわかっているのは、**「起業するために必要なものは全部あなたの中にすでにある」ということです。それは何かというと、これまで相当な時間を費してきたビジネス経験です。あなた自身の中に成功に必要なアイデア、技術、経験、知識、人脈のすべてが必ずあります。**

多くの人は「いや、自分にはそんなものはない」と言います。でも、行動するための条件を自分の外に求めているかぎり、欲しいものは手に入りません。欲しいものを手に入れる材料と道具と熱意はあなたの中にしかないのです。あなたはあなたの中にある材料と道具と熱意を使って起業するしかないのです。

だから、まず声に出して言ってみてください。

「すでに成功に必要なものは全部自分の中にある」と。

●お金に対する考え方

育った環境や過去の経験から起業してお金を儲けることについて「否定的」な感情を持っている方もいます。実際に私は過去に次のような言葉を何度か耳にしました。

「お金はそんなにいらないから、好きなことがしたい。」

「お金はそこそこでいいから、人の役に立つ仕事がしたい。」

「儲けすぎるとバチが当たる。」

「利益は少なくてもいいから、お客さんに喜んでもらいたい。」

もちろん、「人生で大切なものはお金だけじゃない」ことは事実です。お金がたくさんあっても幸せとはかぎりません。

でも、もしあなたの心の中に「儲け」や「お金」に対して制限や壁、または否定的な感情がある場合には注意が必要です。あなたが「お金はそんなにいらないから」「お金はそこそこでいいから」などといった考えを持っていたなら、数年後には会社員に戻っていると思います。


起業して、自分の目標に向かいながらも、一方で「お金」や「儲け」に関して制限を加えたり、抵抗感を持っていたり、罪悪感や後ろめたさを感じていたら、それは経済的な目標に向かって重い足かせをはめながら前に向かって走っているのと同じことなのです。

この状態で経営をしていると、本当にお金の流れが少なくなります。子どもの頃に学校に行きたくないと思っていると、本当に身体の調子が悪くなることと同じです。無意識のうちに「お金に制限」を加えていたり、お金に対して「嫌」「不浄」といった負の感情を持っていると、それは本当にお金に対する行動や思考を制限し、儲けることに対して抵抗感を発生させてしまうのです。これは起業家にとって致命症です。

多くの場合、儲けは正しいことを行った結果として儲かるのであって、不浄なものから発生するものではない、ということを理解してください。

だから、あなたが「そこそこの儲け」しか手に入らないのであれば、「そこそこの正しいことしかやっていない」という原因から導き出された結果であると理解してください。

また、「お金はそんなにいらないから、好きなことがしたい」「お金はそこそこでいいから、人の役に立つ仕事がしたい」という方はビジネスをゼロサムゲームと捉えています。

つまり、「好きなことをしながら、利益が出る」「人の役に立ちながら、儲かる」という2つの要素を同時に成立できないと考えています。

これは、「好き」と「お金」、「人の役に立つ」と「お金」が両立しないと無意識に思っているのです。ビジネスは「こちらを立てれば、あちらが立たず」のゼロサムだけではなく、関係者すべてが喜ぶ「WIN・WIN」のビジネスがあります。

この関係を目指さないから「お金はそこそこで」といった考え方が出てきます。起業家は自分で利益を出さなければ、「そこそこのお金」を「毎月」振り込んでくれる人はもう居ないことに気がつかないといけません。

もし、自分の好きなことや得意なことを通して、多くの人に喜ばれて、その結果として自分の分に不相応な規模の儲けを手にしたなら、その余分な儲けを社会に役立つような組織や団体に寄付したり、後人のために活用したり、人に役立つ次のビジネスのために投資して、もっと多くの人に喜ばれるようなビジネスを展開すればよいだけのことです。

だから、**起業家として成功を目指すなら、「儲け」「お金」「利益」に対して自ら心理的な壁や抵抗、制限を作らず、「人の役に立ってバンバン儲けるぞ！」と言えるぐらいお金に素直になることが大切です。**

起業のツボ

用意周到に準備してもはじめからうまくいくとはいかない。むしろ、失敗は糧にすればいいと考え、自分に合ったやり方で進んでみる。

20

事業の決め方

自分の性格に合うことを基本に考える

●商品選び

「儲かる」とは、具体的には何を指すのでしょうか？

「儲け」とは「利益の額」と「割合」と「回数」で決まります。

つまり、「儲かる商品」とは「粗利額が大きい商品」や「粗利率の高い商品」や「継続性のある商品」です。したがって**「粗利額がめっぽう高くて、粗利率が高くて、継続性のある商品」が最高の理想商品です。**

多くの起業家が様々な事情や、理由、怠慢、不勉強から「安くて、粗利率の低い、継続性の無い商品」を扱っています。これではどんなに一生懸命働いても儲かるはずがありません。

多くの起業志望者は流行の商品を扱おうとしますが、大抵の場合に流行の商品は仕入れ値が高く、粗利率は低くなります。起業して経営者で居続けるには「儲けること」が最低必要条件です。

だから、**利幅の高い商品を見つけましょう。粗利は最低でも5割、理想的には7割～8割の粗利率を確保しましょう。**どんなに一生懸命に仕事をしても粗利額が少なく、粗利率が低ければ、将来的に頓挫してしまいます。

●事業コンセプト

ひとり起業を成功させるための事業コンセプトはズバリ、「悩み解決型のビジネス」です。

一方、大企業のビジネスは「快適追求型ビジネス」です。幸せな家庭、豊かな時間、自己実現の喜び、充実した人生といったものを提供するビジネスです。

代表例は住宅、自動車、衣料品、食料品、飲料、医療、化粧品関連ビジネスです。家族と過ごす幸せな住まいを提供したり、新素材を研究開発したり、高性能な乗り物を作ったり、新技術の開発を行ったり、安全を追求したり、心地よい衣類を提供したり、安心できて美味しい食卓を演出したり、健康で長生きをサポートしたり、自己を着飾ったりするハレのビジネスです。こういったビジネスを「快適追求型ビジネス」といいます。

この「快適追求型ビジネス」は対象となるマーケットの規模が大きく、大手企業にとっては魅力的です。そして、このビジネスでは一般的に研究開発、製造工場、在庫管理、流通経路の確保、販売人員の確保、広告、プロモーションに多額な資金が必要となります。さらに「これから先、未来、理想」を探し続けるための継続的なチャレンジと研究開発が求められます。

そのうえ、今までに世の中に存在しなかった「快適なもの」を見込み客に理解してもらわなくてはならないので、常に見込み客を啓蒙・教育するコストと需要を創出するためのコストがかかります。

一般的にテレビ広告等のマス媒体に多く露出する企業のビジネスはこの「快適追求型ビジネス」カテゴリーに入ります。

一方、ビジネスには**「悩み解決型ビジネス」**というカテゴリーがあります。ひとり起業はこちらが軌道に乗りやすい分野になります。

これは人間が抱える「悩み」に焦点を当て、その悩みの解決策や解決方法を提供するビジネスです。悩みは未来に焦点を当てるというよりは、古今東西普遍的な人間の悩みを調べて、それに対する解決策を今すぐにできる商品やサービスとして提供するものです。

代表例はダイエット、育毛、性、病気、事故、お金、ストレス等に関わるビジネスです。太りすぎで異性に持てないと悩んでいたり、健康上の理由からダイエットの必要に迫られている人に対して、ダイエット食品を提供したり、毛髪の薄さに悩んでいる人に対して育毛剤を提供したり、ストレスに悩む方をカウンセリングしてストレスを軽減するようなビジネスです。

これらは悩みを具体的に明確にすればするほど、マーケット規模は小さくなります。そしてマーケットが表に現れにくく、イメージもよくないために、大手企業は参入しにくいカテゴリーとなっています。このマーケットでのビジネスは、悩んでいる本人にとってはその解決策というのは**「どうしても、何が何でも手に入れたい商品やサービス」であるために、価格設定に弾力性があり、利幅が大きくなるという特徴があります。**

また、悩みというのはいくらでも、いくつでも見つけることができるために、ネタが尽きることがありません。さらに、悩みは創出する必要がありません。悩みは常に人間がいるかぎり、常にあります。そのため、商品を理解してもらうためのコストや需要の創造のためのコスト、啓蒙・教育のコストがかからないビジネス分野であるといえます。

「悩み解決型ビジネス」は、次の理由からひとり起業向きです。

- 開発費があまりかからない
- 需要の発掘コストが安価
- ネタが尽きない
- 未来永劫人間には悩みがなくなることはない
- 高付加価値商品と成り得る
- 感謝される
- 業者ではなく、指導者としての立場に立てる
- 価格競争に巻き込まれにくい
- 大手が参入しにくい

思いつくままに具体的な悩みを挙げると……健康の悩み、仕事の悩み、ダイエットの悩

み、人間関係の悩み、身体や精神の障害の悩み、投資の悩み、語学の悩み、話し方の悩み、お金の悩み、人生の悩み、髪の悩み、勉強・進学・受験の悩み、就職の悩み、異性の悩み、性の悩み、不眠の悩み、家族の悩み、ペットの悩み、口臭の悩み、料理の悩み、事故の悩み、借金の悩み、ストレスの悩み、肩こりの悩み、腰痛の悩み、頭痛の悩み、ひざ痛の悩み、税金の悩み、結婚の悩み、離婚の悩み、子育ての悩み、介護の悩み、容姿の悩み……と、いうように人間の悩みには際限がありません。

あなたにこれらの悩みに対する商品やサービスや知識や対応経験があれば、それはビジネス化できる可能性が高くなります。

●コストをかけない事業

改めて申し上げますが、ひとり起業の基本はコストをかけないことです。

「パンが好きだからパン屋を開業したい。でも、資金がない」という方がいますが、「パンが好き」「パン作りが得意」だからといって、必ずしも「パン屋さんを経営」しなくてはならないわけではありません。

もし「パンが好き」「パン作りが得意」で、これから起業したいと考えている場合は少し視野を広げてみましょう。資金をかけずにできるビジネスは案外あります。

パン作りの先生として教室運営もできるし、パンに関する調査会社を経営することもできます。パン屋さんに経営指導するコンサルタントにもなれます。パン作りのマニュアルを販売する情報起業家にもなれます。パンの原材料を加工する会社、原材料を卸す会社、パン屋さん専門のデザイン・内装会社、パンの世界事情を日本に広める会社、パン屋さんに特化した広告制作会社、パン好きな会員が集まる組織の維持運営、パンに関する講演会の企画運営、出張パン作り、全国のパン屋さんの地図を作成する会社、美味しいパン屋さんを巡るツアー専門の旅行会社、パン屋さん向けの情報誌作成会社、パン屋さんのデリバリー請負をするアウトソーシング会社、パンのサイドメニューを考案する会社、パン用の食器を専門に扱う会社、トレイやトングの会社、パンを使った造形アーチスト、パン屋さんの経営指導ができる税理士、パン屋さんの店舗を設計するのが得意な設計事務所、パン屋さんの店頭実演販売会社、移動式パン屋、パンと身体の関係を研究する栄養士、創作パン料理家、パン屋向けのＢＧＭを作曲するアーチスト、パン屋さんにスタッフを派遣する人材会社、パンの新商品を専門に開発するパンプロデューサー、パンに特化したブロガー、パン紹介専門ユーチューブ、パンを美しく撮影するパン専門カメラマン、パン屋の覆面調査員、パン屋職人のヘッドハンティング会社、パン屋さんの社員教育指導……などいろいろあります。

「パンが好き」「コーヒーが好き」「花が好き」だからといっても必ずしもお店を構えるしか道がないわけではないのです。

視野を広げると不安とコストが減り、起業の実現可能性が高まります。

●ビジネスモデルのパターン

「物を仕入れて販売する」「知識と経験を教えて売り上げを作る」といったビジネスモデルだけが起業家の生きる道ではありません。今の時代は多くのビジネスモデルパターンがあります。私なりに分類した代表的なものを紹介します。

コンサルタント型、印税型、飲食店経営型、専門店経営型（リアル店舗）、セミナー講師型、情報商材型、広告収入型、通販ビジネス型、サブスクリプション型、インデペンデントコントラクター型などがひとり起業で多いビジネスです。

ひとり起業向きのビジネスの例

コンサルタント型	経営指導や事業支援など経験知を提供するサービス ・コンサルタント、士業等
印税型	本の著作やウェブマガジンなどへの寄稿等による収入 ・作家、ブックライター、カメラマン等
飲食店経営型	明確な差別化がある小規模の飲食店経営 ・ブックカフェ、エスニックレストラン、銘酒居酒屋等
専門店経営型（リアル店舗）	特徴的な商品ラインナップの専門店 ・猫グッズ専門店、マニア向け商品専門店等
セミナー講師型	資格やビジネス経験を活用したノウハウ提供サービス ・講師業、講演家
情報商材型	ノウハウなどをデジタルコンテンツにして販売 ・情報商材、電子書籍のセルフパブリッシング等
広告収入型	ブログやユーチューブ等による広告収入や物販の売り上げ ・人気ブロガー、ユーチューバー等
通販ビジネス型	通信販売による特徴的な商品やサービスの販売 ・地方名産品お取り寄せネットショップ等
サブスクリプション型	月額制など定期利用への課金 ・本の選書サービス、カフェの月額利用サービス等
インデペンデントコントラクター型	雇われない働き方（インデペンデントコントラクター）として、専門技術を提供する高度な業務請負 ・新規事業開発、プロジェクトマネジャー、システム開発等

●小規模向けビジネスについて

たとえば起業を考える際に販売する商品やサービスがない場合であっても、あなたに友人知人が多く、人を集めるのが得意であれば、定期的にセミナーや勉強会を開催し、その場で商品をＰＲしたい企業を募り、参加者に商品購入を促したり、セミナーの様子を撮影してコンテンツとして、自分のブログで販売を行えば、商品や在庫、事務所、資金がない状態であっても、収益を生むことは可能です。

店舗や事務所がなくても、自分の媒体を構築できていれば、ブログに広告掲載スポンサーを募り、オンラインコンサルティング形式で半年や1年コースを販売することができます。

起業のツボ

小さくはじめる起業ならではのビジネスとして、悩みや不安を解消するものは失敗の確率が低い。

21 収支予測のシミュレーション

経営に必要な決算書の読み方は知っておく

起業を考えた時点では左ページの収支計画表のように最低でも半年～1年程度の月別での売り上げ予測や経費予測を行うことをお勧めします。

●毎月の売り上げ予測

売り上げ予測数値は商品やサービスの価格×1日の客数×営業日数で求めます。

飲食店であれば「客単価×1日の予測来店客数×回転数×営業日数」、美容・エステ関係なら「サービスメニュー毎の価格×1日の来店予測客数×営業日数」、塾やお稽古教室なら「コース別月謝×予測生徒数」、システム開発会社なら「制作単価平均×予測月間受注数」、コンサルタントであれば「月額顧問料×予測クライアント数」になります。

収支計画表

	1か月目	2か月目	3か月目	4か月目	5か月目	6か月目
売上						
仕入れ						
粗利益						
経費予測						
利益予測						

主な経費項目（法人の場合）

勘定科目	主な費目
役員報酬	あなたの報酬
給与	従業員の給料
地代家賃	事務所家賃、店舗家賃、駐車場賃借料など
水道光熱費	水道代・電気代・ガス代などにかかる費用
旅費交通費	電車・バス・タクシー・定期券・回数券・宿泊費・高速道路料金など
事務用品費	文房具、コピー用紙などの事務用品
賃借料	車両、機械、パソコンなどを借りたときにかかる費用
通信費	電話代・インターネット・郵便料金にかかる費用
荷造運賃	商品の発送にかかわる費用
広告宣伝費	パンフレット、チラシ、PPC広告、ポスター、看板など
外注費	原稿、イラスト、デザインなどの依頼料
車両費	ガソリン代、車検代、オイル交換、車両修理車両点検費用など
接待交際費	得意先や取引先に対する接待に関する費用。お歳暮、お中元など
新聞図書費	新聞、書籍、雑誌などの購読
法定福利費	従業員の社会保険料の会社負担分
支払手数料	振込手数料、振替手数料、ネットショップ出店費、社労士・会計士・司法書士・税理士への報酬など

●仕入れ予測

仕入れ予測数値は実際に同じような業種で経営を行っている方に教えてもらうのがよいのですが、**平均的な売上高原価率としては小売業で70％、製造業で50％、飲食業で30％、サービス業で20％程度が目安になります。**

もし相談できる人がいないようであれば、実際に商品なりサービスを提供するために必要な原材料を最低単位で自ら仕入れてみることをお勧めします。

たとえば、手作りのアクセサリー品を販売する予定であれば、実際に起業を考えていることを仕入れ先に伝えて最低ロットで原材料を仕入れてみるのが一番確実です。

または、同業他社に実際に出向いてどのような仕入れを行っているのかを調査しましょう。私がパソコン教室を運営していたとき、スタートに際しては同業他社に客のふりをして体験学習会に参加してどのような機材を使っているのか、どこのテキストを使っているのか、どんな備品があるのか、どのようなレベルのスタッフを雇っているのかを確認しました。そして、入居しているビルの近くの不動産屋に行き、おおよその賃料も調査しました。

●粗利益予測

「粗利益＝売り上げ予測数値－仕入れ予測数値」です。

●経費予測

経費予測数値は97ページの「主な経費項目」にあるような項目から計算します。

●利益

「利益＝売り上げ予測数値－仕入れ予測数値－経費予測数値」です。

●注意点

上記の「利益」は税引き前の利益となります。会社員の場合は税金の支払いは会社が管理してくれますが、起業すると個人事業主であっても法人であっても次のような様々な税金の支払いが発生します。

◎個人事業主としてかかる税金

・所得税
・個人住民税
・消費税
・個人事業税
・源泉所得税

◎法人としてかかる税金

・法人税
・法人事業税
・法人住民税
・消費税
・源泉所得税
・償却資産税

近年、会計ソフト等を利用した帳票類の作成も可能ではありますが、個人事業主としての確定申告、法人の決算書の作成には専門知識が必要となり、私の経験からは個人で税務や決算に必要な書類の作成および提出はかなり難しいと思います。
そのため、起業を検討する際には地元の商工会議所、商工会、税理士会、法人会に相談することをお勧めします。

起業のツボ

経営管理の必須知識である簿記3級程度の会計知識は身につけて、収支管理を見える化する。

22

売り上げ目標の決め方

事業規模の追求か、生活の維持かで変わる

●性格タイプ別売り上げ目標

売り上げ目標を決めるときにはあなたが**「目的志向型タイプ」**なのか、**「リスク回避型タイプ」**なのかによって２つのアプローチがあります。

目標を決めるとモチベーションが上がり、ゴールに向かって脇目を振らずに突き進む性格の人は「目的志向型タイプ」です。目標を実現するためには今何をすべきかを考えて行動するのが好きなタイプです。

一方、リスクを避けて、現状を分析して、堅実に手堅く進む性格の人は「リスク回避型タイプ」です。地に足を付けて今の自分ができることをコツコツと実行して、遠くを見ずに現在地点から一歩ずつ前に進むことが好きなタイプです。

あなたが「目的志向型タイプ」であれば「起業したからには売り上げ1億円を達成したい！」「年収を1千万円は欲しい！」と先に具体的なゴールを決めることが大事です。

●目的志向型タイプ

「起業したからには売り上げ1億円を達成したい！」と決めたのであれば、97ページの収支計画表の月ごとの売り上げ予測数値欄には「834万円」と記入する必要があります。「834万円×12か月」で年間売り上げは1億円を突破するからです。

それを実現するために、たとえば飲食店であれば「客単価×1日の予測来店客数×回転数×営業日数」の式にどんな数字を入れるのかを考えます。

そこから、

「その客単価を実現するにはどのようなメニュー構成にすべきか」

「何人の来店を実現すべきか」

「そのためにどのような集客をしなければならないか」

「1日に何回転させなければならないか」

「そのためには営業時間を何時間にすればいいのか」

などを逆算します。

孫正義氏は起業直後に数人のスタッフを前にして

「豆腐屋のように1兆（丁）、2兆と売り上げを数えるようなビジネスをやる」

と宣言したそうですが、これが「目的志向型タイプ」です。

あなたも目標を先に決めて、そこに向かうことに意欲を感じるタイプであれば、たとえ根拠があろうがなかろうが、実現確率が低かろうが先に売り上げ目標を決めることです。売上げ数値も経営者であるあなたが自由に決めてよいのです。あとはその実現に向けて邁進するのみです。

●リスク回避型タイプ

一方、あなたが「リスク回避型タイプ」であれば、まず収支計画表の経費予測の中に含まれる「役員報酬（あなたの報酬）」で独立後の生活費として最低限これくらいの報酬は必要であるという数字から考え始めるのがよいでしょう。

その報酬を確実に実現するためには、報酬を含めた毎月必要になる経費金額を明らかにして、その経費金額を賄うにはどれくらの粗利が必要かを計算します。そして、その粗利を生み出すためには売り上げはいくら必要かを計算します。

そこから、その売り上げを実現するにはいくらの商品（サービス）を毎日何個販売するのかを算出します。さらに、その販売個数を実現するには何人の来店が必要で、その来店数を実現するには広告の反応率を０・１％程度と考えた場合にチラシの配布枚数は何枚になるかを計算する、と考えていきます。

もちろん起業すると税金の納付や保険料の支払い、さらには不測の出費もあり、予定どおりにはいかないことには注意が必要です。

ところで、先に起業した人に聞いたりして売り上げ予測を立てる人もいます。「独立してから私は月に３００万円稼いでいる！」という話を聞くと自分もその程度は稼げるのだろう、と考えて同じようなレベルでの売り上げ目標を決める場合です。

ただしこの場合には、「目的志向型タイプ」のような目標実現に対しての燃えるような意欲は生まれにくいうえ、「リスク回避型タイプ」のような慎重さや堅実さもありません。
そのため、あなたがいくら稼ぎたいのか（＝目的志向型タイプ）、あるいはいくら稼がないと食っていけないのか（＝リスク回避型タイプ）をもとに売り上げ目標を決めることをお勧めします。

起業のツボ

ひとり起業は、生活を維持しながら、自分らしさが出せる働き方をすることが主眼であるため、過度に売り上げ拡大を追わないことがベター。

23

商品・サービスのプロトタイピング

試作しながら完成品を売り出す

プロトタイピングとは、実働するモデル（プロトタイプ）を早期に製作する手法およびその過程のことです。

その目的は、設計を様々な観点から検証することができる、機能やアイデアを形にすることでユーザーから早めにフィードバックを得ることができ、その後の改良やバージョンアップに役立てられる、という点です。

ここでは、ひとり起業家のために、「商品編」と「集客編」に分けて解説します。

●商品編

以前、大手コンビニチェーン本部主催の講演会に登壇したことがあります。そのときに担当者に次の質問をしました。

「1年間売れ続ける商品というのは全体の何パーセントくらいあるのですか?」

驚いたことにその答えは

「おおよそ5%」

とのことでした。

もちろん商品化や仕入れ商品の選定に際しては、しっかりとした市場調査を行っているはずです。それでも年間で売れ続ける商品は5%程度なのです。

そのため、**ひとり起業家は「この商品は絶対に売れる!」とどんなに思っていても、予測は外れる可能性があるということを肝に銘じて、プロトタイピングするという考え方を持つことが大事です。**

たとえば、情報商材を作る場合でもソフトウェアメーカーが本製品を作る前にベータ版をリリースするようなイメージで、ある程度完成した段階で廉価版を作ります。

その廉価版をブログやフェイスブックを使ってテスト販売をして購入者の反応を確かめたり、あるいはモニターを募集して試用してもらい、感想や改良すべき点についてのフィードバックを得て、本製品の完成版に活かすといったプロセスが大切です。

実は私自身も2年がかりで制作した情報商材がまったく売れずに困った経験があります。コストがかからない情報商材だからよかったのですが、これが実際の仕入れを伴う商品であったなら青ざめていたはずです。

また、実際に仕入れを伴う商品を扱う場合でもプロトタイピングの考え方は重要です。これも私の実話なのですが、30代の頃に「この商品は絶対に売れる！」と思ったアイデア商品を大量に仕入れてしまい、在庫の山を抱えて途方に暮れたことがあります。

商品の仕入れ販売や原材料を購入して加工品を作る場合には、必ず最低単位での仕入れを心がけましょう。大量に発注すると仕入れ値が下がるからという理由で多くを仕入れてはいけません。

最小単位で仕入れて小規模なテスト販売を行う、あるいは周囲の人に使ってもらって感想を聞く、反応を確かめるというプロセスを必ず踏んでください。

●集客編

集客手段として、チラシやポスティング、ＤＭ、新聞広告、雑誌広告、インターネット広告といった媒体を利用することもありますが、これもどの媒体が一番反応率があるかは実際に出稿してみなければわかりません。

そのため、いきなり大量ロットでのチラシやポスティング、ＤＭの配布や送付、あるいは新聞や雑誌の高額な広告枠での出稿は避けるべきです。

この場合も**必ず少部数配布や少額出稿での反応を確認して、今後の集客活動に活かすようにします。**

これも私の実体験ですが、パソコン教室を始めたばかりの頃に雑誌広告、新聞折り込み、ポスティング、駅貼りポスター等に数十万円の費用をかけて広告を出して生徒募集を行いましたが、その反応は惨憺たるものでした。

途方に暮れていたときに偶然、その街で配布されていたマイナーなタウン誌の広告枠を販売する営業マンが教室にやってきました。

その営業マンの提示した広告掲載料金は5千円でした。私は「5千円なら失敗してもいいか」という軽い気持ちで広告を出したところ、驚くほど反応がありました。私の教室はそのタウン誌のおかげで生徒を獲得することができたのです。

商品づくりと同じように、集客も実際の反応というのは「やってみなければわからない」ものです。はじめは少部数配布や少額出稿で反応を確認し、今後の集客に活かすべきです。

少額出稿という点ではインターネット広告はひとり起業家にはお勧めです。数千円程度からの広告出稿が可能なうえに、オフラインの広告に比べてインターネット広告は「属性の絞り込み」が容易なので、自社のターゲット層へ効果的なアプローチが期待できます。

代表的なインターネット広告には次の種類があります。

- リスティング広告
- ディスプレイネットワーク広告
- ネットワーク広告
- 動画広告
- アフィリエイト広告
- フェイスブック広告
- ツイッター広告
- リマーケティング広告
- メール広告
- 記事広告

グーグルやヤフーなどの検索エンジンで「インターネット広告　種類」で検索すると最新の広告媒体を調べることができます。現状で一番手軽な媒体はフェイスブック広告です。性別、年齢、地域、興味等の絞り込みができ、広告予算の上限設定もできるのでひとり起業家向きです。

また、第6章 成功のためのWebマーケティングでも紹介していますが、自分のSNS媒体（メルマガ、ブログ、ツイッター、フェイスブック、ユーチューブ）で情報を発信していて、ある程度の読者、登録者、フォロワーがいる場合には、その媒体で商品と集客のプロトタイピングが実施できます。

具体的には商品開発の途中で読者や登録者、フォロワーにモニターを依頼して商品への感想や意見、改善点をフィードバックしてもらい、それを以降の商品づくりに活かします。また、集客の際にも自分のSNS媒体は大いに役立ちます。

私自身もセミナーを開催する際に、自分のメルマガで次のような告知を行います。

「GW中に3日間のセミナーを開催予定です。日時は未定です。興味のある方は下記サイトから登録しておいてください。

⑴起業志望者～経営初心者向け「小さな起業の経営講座」 https://ssl.middleage.jp/

singlebiz/
(2)人生が大きく変わる話し方セミナー　https://ssl.middleage.jp/presen/
(3)自分に自信をつける心理学的実践ワークショップ　https://ssl.middleage.jp/jishin/

このような告知を行い、数日間にわたり予約の状況を確認します。そして(2)には予約が入ってきているけれど、(1)と(3)には予約が入ってきていないと確認できれば、(1)と(3)のセミナーには需要がないと判断して、(2)のセミナーを開催することにします。

その後、告知をメルマガだけでなく、ブログ、ツイッター、フェイスブックでも行い、本格的に集客を開始します。

SNSのおかげでひとり起業家であっても、このように商品開発や集客段階での反応確認テストが容易になっていますので、大いに活用しましょう。

起業のツボ

ビジネスはスピードが命。時間をかけて完成品をリリースするのではなく、まずは試作品で顧客の反応を確かめてみることも一考。

24

経験の活かし方

これまでの経験からビジネスを考える

●手段に目的を合わせる

ひとり起業で大事なことは、「手段に目的を合わせる」ことです。「目的に手段を合わせる」ことではありません。

「手段に目的を合わせる」とは、今ある自分のリソース（知識、経験、能力、資格、人脈、資金、実績、やる気等の保有資源）で目的に向かうということです。

反対に「目的に手段を合わせる」というのは、「独立するためには私には○○が不足している。だから起業するためにまず○○を手に入れなければならない」という考え方です。

これは、「コンサルタントとして独立したいが本の出版実績がない。まず本を出版しなくてはいけない。だから出版セミナーに参加しよう」「起業に際しては都内で見栄えの良いオフィスを構えたい。しかし資金がない。だから起業はまだできない」などの考え方です。

●今ある資源を最大化する考え方

「目的に手段を合わせる」ことは、ないものねだりです。「手段に目的を合わせる」は手持ちの駒で何とかする、ことです。あなたが**小さく起業をはじめるときは「手段に目的を合わせる」、つまり今ある自分のリソースを最大限に活かすことを考えてください。**

具体的には、あなたが今までの人生で身につけた知識、経験、能力、資格、人脈、資金、実績、やる気を活かす、ということです。

営業部門での経験が長いのであれば、「これから起業を考えている人」をターゲットに「人脈開拓ノウハウ」を教えることができます。

人事部での業務経験が長いのであれば、中小企業向けに「優秀な人材を見分ける採用のコツ」をサービスに起業できます。

経理部門経験が長いのであれば、中小個人企業の帳票整理をアウトソーシングで請け負うことも可能です。

企画部門での実績に自信があれば、「商品開発アイデア発想法」を商品にできます。

●マイナス経験も商品になる

プラス経験だけでなく、マイナス経験も商品になります。

たとえば、私は30代の頃は極度のあがり症でした。それを克服して40代から講演家として仕事をしています。

「あがり症で人前で話ができなかった」というマイナスの経験があったからこそ、今は「あがり克服セミナー」を開催したり、「あがり克服動画」を販売することができています。

私の知人の中に会社員時代には口下手だったので、起業してから「話す」ことで仕事を受注するのではなく、自分の代わりに「名刺に営業をしてもらおう」と考えて、話をしなくても仕事が取れる名刺作りを商品にしている人もいます。

汗っかきの人が汗っかきの人を対象にした商品販売、冷え性の人が冷え性対策グッズの販売、市役所の窓口業務でのクレーム経験から窓口業務対応のシステムを開発、事業での失敗経験をもとに講演や本の執筆、こうした人を私は実際に知っています。なかには、自分の親が満足できる介護施設がないので、自ら施設を作った人もいます。

また、**ビジネス経験がなくても起業は可能です**。これまで受けた起業相談で「私は主婦だからビジネスの経験もスキルもない」という方がいましたが、その方は何十年にもわたり毎日家族のために料理を作ってきていました。

この場合も「19 起業へのマインドセット」でも説明したように、下座の客を考えればよいのです（76ページ参照）。

具体的には、料理を学びたい年配男性をターゲットに「50代男性向けの料理教室」を開講してもよいでしょうし、学生をターゲットに「初めて都内で一人暮らしを始める大学生向けの出張料理教室」といったビジネスなら、先行投資不要でスタートできます。

同様に、ビジネス経験がない主婦の方でも「子育て」や「介護」の経験をテーマに講演活動をしている人も少なくありません。

つまり、起業に必要なビジネスのリソースはすべて「あなたの中にある」のです。

132ページの「自分の適性・適職を知る方法」を参考に、あなたのリソースを発見して、それを起業に活かしてみるのもいいでしょう。

起業のツボ

成功も失敗も含めて、自分の経験してきたことが他者にも使えるのであれば、それをもとにビジネスは作れる。

25

会社在籍中にすべきこと
起業の視点で会社の業務を見直してみる

●起業準備中に今いる会社でスキルを磨く

起業に際して、「どうせ1年後には起業するのだから会社のことはもうどうでもいいや」という考えではいけません。むしろ、**会社員である今のうちに自分の市場価値を高める準備を行いましょう**。たとえばあなたが営業部に所属しているのであれば、自分の部を1つの会社と考えてみましょう。

そして、**社長になったつもりで1年間の収支予測、損益計算を行い、大まかな貸借対照表、キャッシュフロー計画書まで作ってみるのもよいでしょう。会社にいながら財務諸表の作り方や読み方を学ぶチャンスです**。

会社にいる間に新規客の開拓も行ってみましょう。給与をもらいながら新規営業の実践が行え、独立後の営業訪問の自信にもつながります。

さらに、普段は8時間かかる業務を半分の時間で実施することができないかを考えてみましょう。仕事をしながら目標設定とスケジュール管理、さらに業務の効率化を学べます。あるいは、商品開発部やマーケティング部門に出向いて企画書の書き方、広告制作業務の流れを教えてもらえれば、独立後の企画提案や広告活動に大いに役立ちます。

また、会社と良い関係性を維持していれば、独立後に外部スタッフとして仕事の受注も可能になります。実際に私も、独立後に勤務していた会社から仕事を発注していただきましたが、起業が軌道に乗るまでは大変助かりました。

●会社在籍中にSNSで見込み客に情報発信する

そして、起業を計画しているあなたが会社員でいる間に一番実行してほしいのは「自分の媒体を作る」ということです。

具体的には、メルマガやブログ、フェイスブック、ツイッター、インスタグラム、ユーチューブ、LINEなどでの継続的な情報発信を行い、読者、フォロワー、登録者を集めはじめるということです。

ハッキリ言いますが、**今の時代はこれらのSNSで数千人規模の読者、フォロワー、登**

録者がいて独立するのと、何も自分の媒体をもたずに独立するのでは独立の成功確率が大きく変わります。

あなたが独立までにメルマガやブログの読者1000人、フェイスブックやツイッターやインスタグラムのフォロワーが1000人、ユーチューブやLINEの登録者が1000人いれば、起業後の売り上げも上げやすくなります。

それぞれのSNSで潜在顧客を集めるノウハウは各種ありますが、**基本は「あなたが継続的な情報発信を行う」ことです。そして、独立後のあなたの仕事の見込み客となる可能性が高い人の役に立つ情報を発信することです。**

コンサルタントとして起業するなら経営に役立つ情報、整体師として独立するのであれば健康や身体の仕組みについての情報、学習塾を開くのであれば効果的な勉強法に関する情報、飲食店を経営したいのであれば料理や調理に関する情報、コーチとして起業するのであればコーチングについての情報、カメラマンとして独立するのであれば作品情報、デザイナーなら手掛けた作品や制作の様子、エステサロンを開くのであれば美容情報、技術サービス系や専門職で独立するなら今までの実績……。

このように仕事のタイプに応じて継続的に情報発信を行います。

経営で一番お金と労力がかかるのは「見込み客集め」です。

ほとんどの起業志望者は自分の媒体を持たずに独立するので、「見込み客集め」のために営業や広告活動が必要になりますが、この2つは労力とお金がかかるうえに、反応は思うほどないのが実情です。そのため、経営が立ち行かなくなるのです。簡単に言うと、お客様を集めることができなければ起業は失敗です。

しかし、会社員でいる間に自分のビジネスの見込み客が登録している媒体を持っていれば、起業の経営課題の半分以上は解決しているのと同じです。

インターネットが世の中の情報インフラとなる前には自分の媒体を作ることは個人レベルでは不可能でした。それが今では誰でも、SNSを利用すれば自分の媒体を持つことができます。これを利用しないのは自ら起業成功のチャンスを放棄しているのと同じです。

ぜひ、会社に在籍中から自分の媒体を作って情報発信をしてみましょう。

起業のツボ

在社中に起業に必要なスキルを習得し、開業当初から顧客集めに困らないように、SNSの使い方をマスターし、潜在顧客に情報発信を行っておく。

26

確実に実行していくためのアイデア出しとＰＤＣＡ
経営の基本は振り返りと改善にある

●手書きの効用

私は40歳で再起業しました。再起業前の私は無職無収入で、しかも大怪我で歩けない状態でした。

そうしたときの正月に１００ページほどの事業計画書を手書きで作りました。このときに考えたビジネスとは、投資について解説する情報商材の販売でした。

無職無収入で何のアテもありませんでしたが、その事業計画書の表紙には「売り上げ目標：３月末迄に月商１００万円」と大きく書きました。その目標は1か月遅れの4月に実現しました。

「えっ！　実現しちゃったよ」と驚いたことを今でもよく覚えています。

そして、その頃からビジョンや計画を手書きで書くようになりました。

成功哲学系、自己啓発系の書籍やセミナーでは必ず「目標を紙に書きなさい」と言われます。20代、30代の頃の私は「そんなことで夢が叶えば誰も苦労しないよ」と思っていました。でも、今は「20代の頃からやっておけばよかった……」と心から思っています。

持ち運びできるコンピューターのアイデアを思いつき、そのアイデアを紙ナプキンに描き、ベンチャーキャピタリストにプレゼンしたのは後のPCメーカーのコンパックです。アマゾン創業者のジェフ・ベゾス氏が事業構想をレストランの紙ナプキンに書いたのも有名な話です。

書くという効果は、実際に書いてみてその成果を手にした人にしかわからないものです。こうした効果を実感したからこそ、先人達は「書きなさい」と言っているのだと思います。

私自身も今でも新しいビジネスプランを練るときには必ず紙に手書きで概要を書きます。目標、想定顧客、地域、見込み客発掘法、営業方法、顧客維持方法、スケジュール等を書きます。**紙に書き出すとビジネスの全体を俯瞰することができます。すると、足りないところ、大切な部分、肝となる箇所がわかってきて、実現の可能性が高まります。**

また、実際に動き出して結果が伴わない場合にも、どこに問題があったのかも確認することができ、修正対応がしやすくなります。

ぜひ、あなたも起業前には事業の目標や事業の概要を「書く」ことをお勧めします。

●アイデアを書き留める習慣

ビジネスアイデアがひらめいたときにも、必ず書き留めましょう。ふとしたひらめきが起業を成功に導くことも往々にしてあります。アイデアが生まれやすい場所として「創造性の4B」があります。

Bus＝バス等、移動しているとき
Bed＝ベッド。寝ているとき、寝る前、起きた後
Bathroom＝風呂。トイレ
Bar＝バー。飲んでいるとき

確かにこの4つの場所や散歩中にアイデアがひらめくことが多いのは自分自身の経験からも実感できます。

また、ひらめきは「後で思い出そう」としても忘れてしまうことが多々あります。そのため私は、普段からメモ帳を持ち歩いていますし、家の中でも脱衣場、枕元、トイレ、ルームランナー脇にはメモ用紙と鉛筆を置いてあります。

ひらめいたアイデアを書いていると、次々と関連するアイデアが生まれ、メモ用紙が束になることがあります。それを読み返して概要書にまとめて、計画スケジュールを書き、セミナーを開催し、売り上げにつなげたことが私には何度もあります。

頭の中にあった無形の目に見えないアイデアやひらめきや想いは「書く」という行為を通して「文字や絵」になり「数字」になり、「行動」を通して「現実」になります。それがあなたのリアルなビジネスになるのです。

ぜひ、アイデア、ビジョン、想い、目標、概要、計画は書くようにしましょう。

●PDCAのための日記の習慣

目標を書くことの重要性について先述しましたが、日々の仕事や作業の記録を書く習慣も大切です。なぜなら、記録を書かないとチェック、評価、振り返りができないからです。

生産や品質を継続的に改善していく手法にＰＤＣＡがあります。

そして、**ＰＤＣＡサイクルとはPlan（計画）→Do（実行）→Check（評価）→Action（改善）を繰り返すことによって、仕事を継続的にスパイラルアップしていくプロセスのことです。**

起業を志す人も目標を決めてプランを立てて行動しますが、それだけではＰＤＣＡサイクルのうちの「Plan（計画）→Do（実行）」だけを行っていることになります。ここで止まると、あるビジネスプランで失敗した場合にはその原因が何なのかを突き止めることができずに、今後同じような失敗を繰り返す可能性が高まります。

また、成功した場合にもその成功要因を分析することができませんから再現性を持って次に活かすこともできません。

そこで、**実行の結果は必ずCheck（評価）して、次の行動に活かすことが必要になります。**

第2章でも触れましたが、心理学者のエビングハウスによると、人は「20分後には42％のことを忘れ、24時間後には67％を忘れ、1か月後にはおよそ80％ものことを忘れる」生き物です。

あなたも「このことは覚えておこう」と思って数時間経つと「あれ？　なんだっけ」と忘れてしまった経験があるはずです。そのため、計画のみならず、実行したことも、その結果も記録を残しておかないと忘れてしまうことが多くなり、正しくCheck（評価）することができません。

起業当初はやることなすことのすべてが当たることはありません。むしろ失敗することのほうが多いかもしれません。

そのときにきちんと、Check（評価）→Action（改善）して、次にその教訓を活かすことが起業を軌道に乗せる最短の道です。

●成長のための日々の記録

私も、やろうと目標を決めたことや計画、概要をノートに書くことはもちろん、実行した内容と日時を記録しています。そして後日、その結果を確かめて記録し、失敗した場合にはその原因を探究し、上手くいった場合にはその要因を分析し、改善するための仮説を立てます。さらにそこから次の目標や計画につなげます。そのため、ノートをまとめ買いしています。

数年後にはそのノートに記録したことが生きるときが必ず来ると思っています。

大リーグで活躍する大谷翔平選手も8歳の頃から「その日に起きた良かったこと、悪かったこと。次にこういうことをやろうという内容」を書き込んでいるそうです。

まさにPlan（計画）→Do（実行）→Check（評価）→Action（改善）を書いて記録して練習して修正して成長を続けているわけです。

ぜひ、あなたもノートをまとめて購入しておき、ビジネスプランを計画するごとに日々の記録をつけるようにしてください。

起業のツボ

思いついたアイデアをすぐにメモする習慣と実行したことを振り返り、すぐに改善策を考えて講じる習慣はひとり起業家だからこそ徹底する。

郵便はがき

料金受取人払郵便

日本橋局
承　　認

1301

差出有効期間
2021年5月31日
まで

103-8790

011

東京都中央区日本橋2-7-1
東京日本橋タワー9階

㈱日本能率協会マネジメントセンター
出版事業本部 行

フリガナ		性　別	男 ・ 女
氏　　名		年　齢	歳
住　　所	〒 TEL　　（　　　　）		
e-mail アドレス			
職業または 学校名			

ご記入いただいた個人情報およびアンケートの内容につきましては、厳正な管理のもとでお取り扱いし、企画の参考や弊社サービスに関する情報のお知らせのみに使用するものです。詳しくは弊社のプライバシーポリシー（http://www.jmam.co.jp/about/privacy_policy.html）をご確認ください。

アンケート

ご購読ありがとうございます。以下にご記入いただいた内容は今後の出版企画の参考にさせていただきたく存じます。なお、ご返信いただいた方の中から毎月抽選で10名の方に粗品を差し上げます。

● 書籍名

● 本書をご購入した書店名

● 本書についてのご感想やご意見をお聞かせください。

● 本にしたら良いと思うテーマを教えてください。

● 本を書いてもらいたい人を教えてください。

★読者様のお声は、新聞・雑誌・広告・ホームページ等で匿名にて掲載させていただく場合がございます。ご了承ください。

ご協力ありがとうございました。

27

起業経験者へのヒアリング
起業経験者をメンターにする

●起業の先達に学ぶ

あなたが起業で成功する一番の近道はすでにあなたが起業しようとしている業界で成功している人をメンターとして、仕事のやり方、考え方、行動を学ぶこと、マネをすることです。

「いや、私は誰にも頼らずに自分の力で人生を切り開く」という考え方もよいとは思いますが、起業の先人たちは実際の失敗や成功の体験を通して身につけた、お金では買えない知恵、アイデア、行動パターン、戦略、戦術をたくさん持っています。

もしあなたの身近にそんな人がいるのであれば、礼を尽くして教えを請うことをお勧めします。私自身も日本のランチェスター経営の第一人者である竹田陽一先生のセミナーに何度も通い、教材でも学びました。講演活動を始めてからは日本一の人気講師にも選ばれたことのある木越和夫先生のもとに通い、講演業界のこと、仕事の受注の仕方を学び、大切な人脈もご紹介いただきました。

自らの経験を通して学ぶことは大事です。

しかし、それ以上に**先達の教えを学ぶことは経営資源が小さく、経営経験が少ない起業家にはありがたいことです。**

●マネすることでメンターに近づく

もし、身近にメンターとなる人がいない場合には、有名経営者やスポーツ選手、アーチストからでも書籍からでもメンターを見つけることができます。経営に対する考え方は実在の名経営者をメンターにして、日々の体調管理のメンターは一流スポーツ選手とし、全力でパフォーマンスを発揮する姿勢は人気アーチストをメンターにして、メンタル面のメンターは思想家の書籍でもよいのです。

私も松下幸之助氏の書籍を読み続け、イチロー選手の体調管理を学び、長渕剛さんのライブでパフォーマンス姿勢をお手本にして、中村天風先生の講演録を聞きながら、何年も彼らをメンターとして学び続けています。

メンターの思考パターン、行動パターンを学び、マネをし続けていると日常生活の中で、

「あれ？　今、私はメンターと同じことを口にしている。師匠が以前に言っていたようなことと同じようなことを考えている」と自分で感じるときがあります。

そして今考えていることが自分の考えなのか、メンターから学んだことなのか、区別がつかなくなるときが来ます。そこまでマネると師匠や成功者の考え方、行動パターンが自分の中に取り込まれてきたことになります。

この状態を維持すると、「成功者と同じように考え、行動している」のですから、自分自身が「成功者」に近づいていることになります。心理学ではこれを**「モデリング」**という、目標を実現するための効果的な技術の1つです。

ぜひ、あなたもメンターの仕事のやり方、考え方、行動を学び、そしてマネしてください。

起業のツボ

起業経験者の成功事例と失敗事例を多く知ることで、実際に留意すべきことが具体化してくる。

Coffee Break

自分の適性・適職を知る方法

自分はどんな性格で、どんな仕事が適しているかということは、誰もが興味を持つことでしょう。

そのため、自己分析をするツールや情報は有料無料を含めて、たくさんあります。

自己分析ツールとして定評のあるのが、米国ギャラップ社が提供している「ストレングスファインダー®」です。Web上で177の質問に回答することで自分の34の資質がわかり、それぞれの資質の強みの活かし方もわかるため、どんな仕事に適性なのか自己判断ができるというものです。これには有料版と無料版がありますが、このうち無料版には「グッドポイント診断」と「VIA-IS」などがあります。

また、無料の簡易性格診断テストの「16 Personalities」は、分析家・外交官・番人・探検家の４つをさらにそれぞれ４つに分け、合計16のタイプから自分の行動特性がわかります。

こうした自己分析ツールを使って、自分の適職探しの参考にするのもいいですね。

第4章

ひとり起業で勝ち抜くための戦略と戦術

28

差別化のシンプルなセオリー

ナンバーワンであることをアピールする

よくありがちな質問を2つします。

「日本で一番高い山は富士山ですが、二番めは？」

「日本で一番大きな湖は琵琶湖ですが、二番めは？」

多くの人がこの質問に答えられません。それほど、2番というのは印象に残りません。

ということは「当社は印刷品質には絶対の自信があります」と言うよりも、「当社は新潟県で一番北に位置する印刷会社です」のほうがお客様の印象に残ることになります。日本で一番北に位置するなら北海道の宗谷岬に会社がないとだめですが、

「埼玉県で一番北にある人材派遣会社です。」

「長野県で一番北にある旅行会社です。」

というように、限定された地域の中では「一番」と名乗ることができます。

このように**限られた条件の中で一番であることを心理学では「限定条件下の事実」と言います。このことを応用して、あなたが起業する会社やお店の「一番」を探して、それを自社のキャッチフレーズに使うと、お客様の印象に残りやすくなります。**

では、何をナンバーワンにすればいいのでしょうか？

なんでもかまいません。県内で一番でなくても、町内で一番であれば、「一番」を名乗れます。従業員のお辞儀の角度の深さ、社歴、メニュー数、坪当たりの売上高が一番でもいいのです。

小さなことでもいいから自分で「一番」「ナンバーワン」を作ってそれを打ち出すと、あなたの会社やお店は富士山や琵琶湖のように相手の印象に残ります。

（※ちなみにありがちな質問の答えは……「北岳」と「霞ヶ浦」です。）

起業のツボ

あなたが起業する事業やサービスに限らず、立地や営業時間などナンバーワンと言えるものがあれば、それを特長にしてアピールする。

29

顧客を起点に考えるビジネス戦略

ＬＴＶの視点で、継続的な利益向上を図る

ひとりのお客様が生涯もたらしてくれる価値を「ＬＴＶ（ライフ・タイム・バリュー）」と言います。

たとえば、１００円の商品を買っていただくお客様が、週に2回、3年間来店していただいたとします。そう考えると、「１００円×2回×52週×3年＝3万１２００円」の売上をもたらしてくれる可能性のあるお客様ということになります。そうしたお客様が１００人いれば、それだけで３００万円以上の売り上げです。それがわかれば、１００円のお客様への見方も変わるはずです。

私の知り合いの話をしましょう。

その人の小学生の娘さんがピアノ教室に通っていました。月謝は５０００円だったそうです。3年間通い、「５０００円×12か月×3年＝18万円」の生涯価値となりました。最

初は安価なキーボードで練習していたのですが、ピアノの腕が上達してきたので知人は教室の先生から「足ペダルのついたピアノ」の購入を勧められたそうです。その価格は30万円でした。するとその教室にとってその生徒の生涯価値は50万円ほどです。

生徒ひとり当たりのＬＴＶ額が大きいため、新規の生徒集めには無料体験会の実施や1か月のお試し無料受講の実施も可能になっているようです。

ついでの話ですが、健康食品の販促活動で初回無料や1か月分無料というキャンペーンがよく実施されているのは、顧客の生涯価値が高いことから実施できているのです。

新規のお客様を獲得することに注力する方が多いのですが、実は会社やお店に安定した利益をもたらしてくれるのは、お客様一人ひとりの生涯価値なのです。

起業のツボ

購入額、利用額が少なくても、利用頻度や期間が累積していけば、生涯価値の高い顧客になっていただけて、経営が安定していく。

30

顧客の脳内シェアを高める方法

顧客との接触頻度を維持する

「14　経営の8大要因⑤　顧客維持」でお伝えしたように、ひとり起業家のような小規模事業者は、市場シェアを高めることと同様に大切なことは、お客様の〝脳内シェア〟を高めることです。脳内シェアとは、お客様が記憶にとどめる印象度の強さのことでしたね。

私自身の経験ですが、飼っている猫が自由に出入りできるための小さな扉を作ろうとしたときや古くなった納屋を撤去しようとしたとき、「あの人にお願いしよう」と記憶にあった業者さんを何気なく思い起こしたように、お客様が不安や不満、不便、不都合を感じたまさにその瞬間に、まっ先に思い浮かべてもらうようになる、つまりお客様の脳内でのあなたのシェア（脳内シェア）を高めるということは、どんなビジネスでもとても大切なことです。

そして、**脳内シェアを高めるために大切なことは、⑴回数と⑵強度です。**

人間の記憶は繰り返しか、強烈な印象によって強く刻まれます。

そのため、お客様にあなたのことを覚えておいてもらうには接触する回数を増やすことと強い印象を与えることが効果的です。私は次のような方法で定期的に大切なお客様との接触回数を増やし、強度を上げています。

●接触回数を増やす

訪問、電話、ニュースレター、メール、ＬＩＮＥ、フェイスブック、ＳＮＳ、礼状、手紙、お中元、お歳暮、お祝い、お悔やみ、年賀状、暑中見舞等

●強度を上げる

筆文字での長文の礼状、手土産持参での短時間訪問、顔写真入りのオリジナルお菓子や出張先からの名産品の贈答、近くに立ち寄った際の食事等

あなたも回数と強度を意識して、お客様の脳内シェアを高めてください。

起業のツボ

顧客が必要と思ったときに思い起こしてもらうためには、日頃からのコミュニケーションを習慣化し、顧客の脳内シェアを高める努力をする。

31

商品・サービスをまずは試してもらう方法

購入決断の心理的抵抗感を下げる

ビジネスはいかに新規顧客を獲得し、継続して利用してもらうかがポイントですが、まずは利用してもらうには、お客様の心理的抵抗感を薄くすることです。

そのための施策が「フロントエンド商品」から「バックエンド商品」への誘引です。

●フロントエンド商品

フロントエンド商品とは、見込み客に対して購入への抵抗感を下げて利用してもらうための商品やサービスのことです。

健康食品や化粧品などで「初回申し込み無料」「ワンコイン（５００円）でお試しセットのお届け」という方法がよく行われていますが、無料や低料金で試用してもらうことが目的です。学習塾やスポーツクラブでもよく見られますね。

個人向けの商品やサービスを販売する場合にはフロントエンド商品は無料～3千円程度が基本なります。法人向けの場合には1万円～3万円程度です。

●バックエンド商品

バックエンド商品とは、本来売りたい商品のことです。

人間心理として、「買う」「申し込む」「契約する」というのは金額が大きくなるにつれ、大きな決断を要します。

そうした商品を扱う場合、はじめに抵抗感を低くし、利用しやすくするのは顧客サービスの基本でもあります。

また、もし個人向けのバックエンド商品が数十万円以上するものであれば、3千円程度のフロントエンド商品の後に3万円～5万円程度の中価格帯の商品を用意しておき、そこからバックエンドにつなげます。

起業のツボ

お試し用の「フロントエンド商品」を作り、本格利用の「バックエンド商品」へと誘引する仕組みを考える。

32

新規開拓の裏ワザ

ターゲット顧客に早期にアプローチする

●アライアンスを組む

顧客の新規開拓を行うとき、自社のターゲット層に近い顧客をすでに持っている事業者と小さなアライアンス（提携）を行うというのも選択肢の1つとしてあります。

たとえば、司法書士事務所を開業するとき、あなたが想定する顧客と重なる顧客をすでに持っている地元の税理士とアライアンスを組むようなケースです。税理士の方は法律問題で顧客へのアドバイスが可能になるので、顧客も税理士もそして司法書士の自分もメリットがあります。

これは士業にかかわらず、物販やサービスでも同じことが可能です。地元で書店を営んでいる知り合いのお店の一角に有機栽培の野菜を売ったり、ネイルサロンを開いたりなどの実例もあります。スポーツクラブやカルチャースクールなど人が多く集まるところも提携先として有効かもしれません。

●サークルやグループにアプローチする

地域内のスポーツクラブや文化サークルなどへのアプローチも効率的です。

たとえば、健康グッズの販売を事業とした場合、地元のママさんバレークラブやシニアの野球クラブなどを顧客として考えるということです。市町村が公共施設を提供して活動しているサークルにはシニアの方々が参加していることも多く、そうしたグループに働きかけを行うのです。こうしたサークルは、公共施設に直接行けば、おおよそどんなグループがあるかわかりますし、ネットでも簡単に検索できます。

こうした**グループへの営業活動は、いきなり商品・サービスを売り込むのではなく、無料サービスやサンプルの提供などでまずは試用してもらうことです。**

起業のツボ

想定顧客が集まるところの一角に出店したり、スポーツや文化サークルなど趣味嗜好が同じ人たちのグループへのアプローチを検討する。

33

1つのネタを効率的に使いまわす方法

セミナーを動画などにして配信する

リソースが少ないひとり起業家は1つのインプットを複数のアウトプットにつなげ、複数の収入源を作ることも検討しましょう。

たとえば、あなたがセミナー講師だとします。セミナーを1回開催して収入を得た場合は、インプット1に対して、アウトプットが1です。比率は1：1です。

もしあなたが、セミナーを1回開催して、そのセミナーの様子を撮影して動画を販売したとします。するとあなたは、セミナーを開催したことによって実現した収入と動画販売の収入が得られます。インプット1に対して、アウトプットが2になります。

さらに、その動画を毎月定期的に勉強会の会員に向けて公開すると、月会費の収入が付加されます。この場合、インプット1に対して、アウトプットが3になります。

ひとり起業家はこのように、1つの行動が複数の収入につながるように意識することが大事です。

情報の発信についても同じです。

メルマガ、ブログ、フェイスブック、ツイッター、ユーチューブなどでそれぞれ別のコンテンツを作って情報を発信すると、時間がどれだけあっても足りません。

たとえば、メルマガを週に1度は必ず配信するとします。その内容をブログで流用し、今度はその内容を動画にしてユーチューブにアップします。それらのイントロ部分だけをフェイスブックやツイッターで紹介していけば、最初のメルマガがマルチアウトプット化することになります。

さらに、溜まったメルマガをまとめて小冊子やニュースレターにして配付したり、書籍にすることもできます。

起業のツボ

メルマガの記事をブログや動画、小冊子などに使い回せられるように、インプットが最大化できるアウトプットを考える。

34

弱者が勝者になるためのランチェスター戦略①

商品力と兵力を考慮し、第1法則を選択する

ランチェスター戦略とは、**「戦争において兵力に劣る弱者が、兵力に優れた強者に勝つための条件と法則」を軍事戦略や経営戦略に応用した考え方のことです。**第一次世界大戦に際し、英国のエンジニアだったフレデリック・ウィリアム・ランチェスターが提唱し、弱者が強者に対抗することに資することから**「競争の法則」**とも言われています。

そのランチェスター戦略には、次の2つの法則があります。

●第1法則　攻撃力＝武器性能×兵力数

これは武器性能（商品・サービスの機能）が少なく、ビジネスのエリア、販売チャネル、対象顧客に制約がある場合の戦い方です。

●第2法則　攻撃力＝武器性能×兵力数の二乗

経営資源が豊富な市場シェア1位企業は総合力に勝り、その総合力により兵力数は実数の二乗にも強化されるため、有力企業の取るべき戦い方となります。

ひとり起業家というのは小規模なビジネス形態ですから、この「兵力数」に相当する、人や商品や資金や店舗といった「数」に換算できるものの量が少ないのが普通です。そのため、第2法則を選択する相手と同じ環境での戦いは絶対に避けなければなりません。

よって、**ひとり起業家は第1法則の環境を自ら作り出してそこで戦い、かつ局所優勢を狙い、さらには差別化で武器性能を上げることです。**

起業のツボ

「商品力」や「ビジネスのエリア、販売チャネル、対象顧客」に制約があれば、一点集中し、狭い戦場の中での接近戦の第1法則が定石。

35

弱者が勝者になるためのランチェスター戦略②

弱者なりの戦い方を徹底して行う

ここでは、競争条件が不利な弱者の戦い方を、ランチェスター経営発行の『ランチェスター・サクセスプログラム「経営計画の立て方」』をもとに紹介します。

1．**強い会社と違ったやり方をする**

経営資源の中で「数」に換算できる資源が乏しいひとり起業家が攻撃力を上げるには、商品力や営業スキルなどの「武器性能」を相手よりも高める必要があります。**経営における武器性能を高める具体的な方法は「差別化」です。**

2．**目標の決定は小規模1位主義、部分1位主義で**

小さな市場で限定的な営業エリアの中で対象顧客を絞り、差別化した商品で戦うのが弱者の戦略です。スキマ市場での1位を目指します。

3．戦わずして勝つ、勝ちやすきに勝つことを考える

ひとり起業家であっても、現有の経営資源でナンバーワンになれる「地域」「客層」「商品」があれば有利にビジネスが展開できますが、そうした条件が整うことは稀です。そこで、これらの条件について、有利に展開できるには何が必要かを案出します。

4．こうしたものは細分化で発見

以上の2と3は、「地域」「客層」「市場」「顧客ニーズ」などの条件を細分化して、それらについて優位性が発揮できる部分をあぶり出します。

5．強みをより強くする。弱みは切り捨てる

弱点を補強するのは強者の戦い方です。弱者は強みに集中して、そこを徹底的に強化します。

6．直接的な営業活動の重視

7．接近戦の重視。エンドユーザーに近づく

8．近距離戦。近い所をより重視する

9．狭域戦。営業地域は狭くする

以上の6、7、8、9は、卸売会社や代理店を通さずに自らエンドユーザーにアプローチし、狭い営業エリアで、直販するのが基本ということです。

10. 集中主義

弱者は事業の目標をいくつも設定してはなりません。最重要の目標を1つ立てたら、それを実現するための行動のみに集中します。人・モノ・金・情報といった経営資源もそこに集中します。それが実現できたら、次の目標と行動に移ります。段階的にやるべきことを確実に進めていくことからこの方法を「各個撃破主義」とも言います。

11. 革新の研究と工夫がいる

弱者が成功軌道に乗せるには、圧倒的な商品や営業方法を生み出す改革的な思考と行動が必要です。そのためには、「商品」「業界」「顧客ニーズ」「戦略・戦術」といったビジネスに関連するあらゆることに、好奇心や研究熱心さ、経営能力を高める向上心が必要です。

12. 軽装備。金をかけない。見栄をはらない

弱者は事務所や店舗など固定費を極力切り詰めてフットワークを軽くし、身軽になって良いと思うことはすぐに行動します。

13. 長時間労働

「1万時間の法則」をご存知でしょうか。語学やビジネススキルなどプロレベルに達するには1万時間は練習や実践が必要とする理論です。1日8時間を要するなら3年かかる計算になりますが、起業にあたってはできるだけ短期で軌道に乗せなければなりません。

それには一時期、圧倒的な時間の量が必要になります。起業当初はやるべきことに集中したうえで、長時間労働も覚悟しておいたほうがいいでしょう。

起業のツボ

ひとりビジネスは経営資源が少ないのが普通。その条件の中でビジネスを立ち上げていくには、ランチェスター戦略の弱者の戦い方を参考にする。

36

弱者が勝者になるためのランチェスター戦略③

有力な競合が手薄なスキマ狙いを徹底する

ランチェスター戦略によれば、武器（商品・サービス）の性能が同等でも、兵力の数（人員数や店舗数等）が劣れば戦いは不利です。このような**初めから兵力数にハンデがあるひとり起業家の戦い方の1つが局所優勢、つまり競合が目をつけていないスキマ狙いです。**

これまでにない商品・サービスを開発して武器で圧倒的な優位を図るのが理想的ですが、そうは簡単にはいきません。圧倒的な商品・サービスがない場合、基本的な顧客ニーズを満たしたうえで、競合が攻め込んでいない「営業エリア」や「客層」を探し出し、競争相手がいない間にそのターゲットを押さえるのが弱者の定石です。

起業のツボ

ランチェスター戦略における弱者の基本戦略は、競合が目をつけていない局所（スキマ市場）を狙う。

37

弱者が勝者になるためのランチェスター戦略④
特長が打ち出せることに一点集中する

たとえば、あなたの経営資源が１００としたとき、競合が90であれば勝算はあるかもしれません。しかし、１００ある経営資源をいくつかに分散する、たとえば３つの事業に分散した場合、それぞれが30ほどとなり、競争相手と競合する事業では力量不足です。

経営資源の少ないひとりビジネスだからこそ、ビジネスする商材は絞り込んで、一点集中するのが定石です。

ピーター・ドラッカーも「成果をあげるための秘訣を１つだけあげるなら、それは集中である」と言っています。弱者の戦い方の基本は一点集中です。

起業のツボ

起業が完全に軌道に乗るまでは、使える経営資源は分散させず、一点集中させる。

38

弱者が勝者になるためのランチェスター戦略⑤

競合が手を出せない価値＝差別化を見出す

ひとり起業家は「武器性能」を相手よりも高める必要があります。つまり、差別化です。

マーケティングにおける差別化戦略の考え方のひとつに「バリュープロポジション」があります。これは、**「顧客が望んでいて、競合他社は提供できないが、自社は提供できる価値」のことであり、最も理想的な差別化ポイントになるものです。**

差別化は商品・サービスといった「武器」だけでなく、店舗や客層なども検討範囲です。たとえば、顧客ニーズはあるのにそれを満たす拠点や客層が手付かずであれば、ビジネスチャンスです。

あるいは「家まで商品を届けてもらいたい」というニーズがあるのに、競合に宅配の仕組みが無い場合、もしあなたがその商品の宅配に乗り出せば、それは商品の提供方法で差別化していることになります。

起業のツボ

「顧客が望んでいて、ライバルが提供できないが自社は提供できる価値」
＝バリュープロポジションを作る。

バリュープロポジションとは？

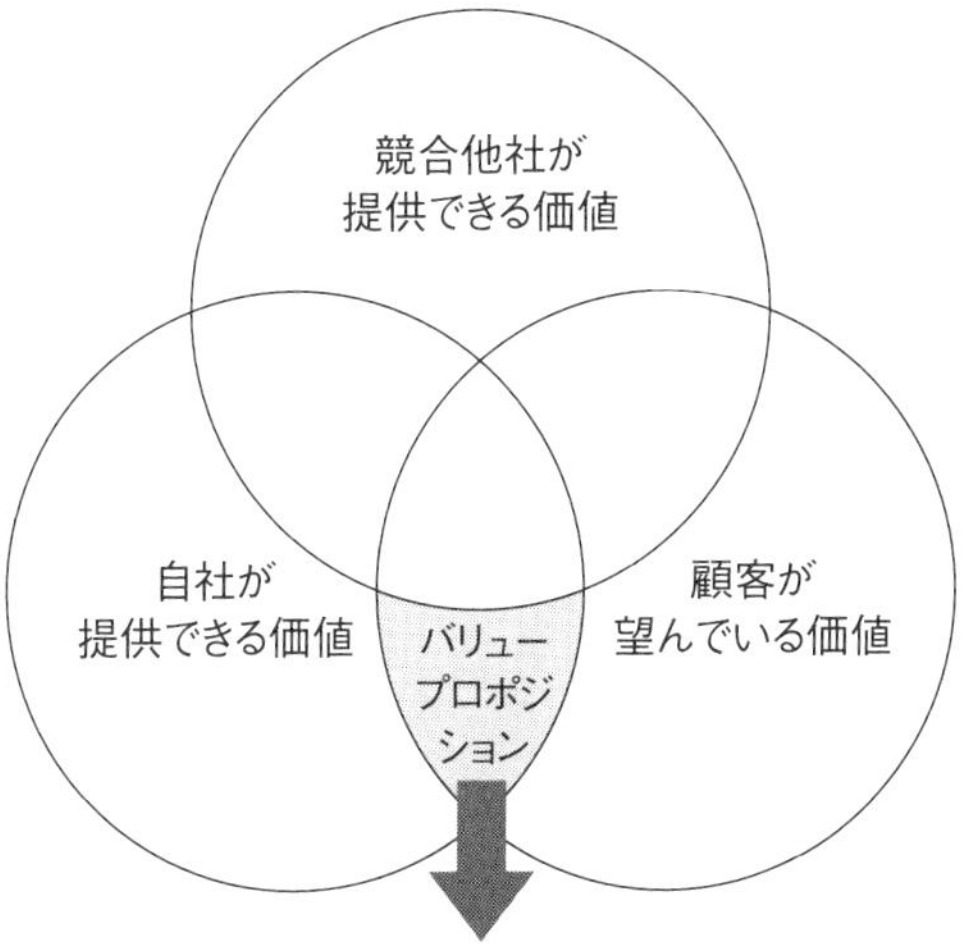

❶顧客が望んでいて、
❷ライバルが提供できない、
❸自社が提供できる、価値

39

弱者が勝者になるためのランチェスター戦略⑥
「特定の地域」「マニアックな商品」で差をつける

私が住む新潟県は、上越・中越・下越・佐渡の4つの地域があり、そのうち、上越地域で営業する鍵トラブルサービス業が極めて少ないと感じます。そのため、同サービスのある零細事業者は、価格は決して安くないものの、連日依頼が絶えないそうです。

「市場は小さい。しかし確実なニーズがある。ただ大手が参入するほどではない。そこで、自社が提供できる価値を提供する」というわけです。これは、経営規模の小さなひとり起業家の差別化事例、戦い方事例としてのお手本です。このようなビジネスの規模が小さいことを逆手にとって、成功している起業家はたくさんいます。

長野県飯田市の山間に、往年の映画スター、ブルース・リー関連グッズを扱う専門店「今井商店」があります。日本全国からお客様が集まる、知る人ぞ知る有名店です。熱狂的なブルース・リーのファンである今井毅さんが始めたビジネスですが、自分の知識や興味を活かした商品で差別化を図って成功しているわけです。ネットを使えばクチコミが広がり、都市部でなくても、ひとりビジネスが始められる好事例です。

また、神奈川県相模原市で文具店を経営する菊屋浦上商事（浦上裕生社長）は、左利きの人に特化した事務用品や文具を販売しています。

日本人はおよそ1割が左利きと言われていますが、事務用品や文具のほとんどが右利き用に開発されています。その隙間をついたのが、同社の左利き用ビジネスというわけです。

そのユニークさから同社は、新聞・雑誌・テレビ・ラジオでも紹介され、そのビジネスの認知拡大が図られています。

このように、商品・サービスで明確な差別化ができていれば、兵力が弱くても十分に戦っていくことができるというわけです。まさに、ランチェスターの第1法則の実践的事例ということがいえます。

起業のツボ

戦わずして勝てる地域や、小規模でなければ扱わないマニアックな商品を見出すことができれば、それは差別化要因になる。

Coffee Break

一芸八年

うなぎ職人の世界では「串刺し三年、裂き八年、焼きは一生」、そして寿司職人の修行期間は「飯炊き三年、握り八年」と言われるそうです。

私は講演家としてどんな場所でも、どんな参加者でも、どんな会場でも講演時間と空間を「自分でコントロールできている」と実感できるようになったのは、講演活動を始めてから10年ほどたったときでしたから、並みの能力の持ち主であれば、どんな仕事でも一人前になるには最低8年程度の時間がかかるということです。

そのため、もしあなたが会社員であれば、ベースとなる給料がある今のうちから週末起業なり副業なりでビジネスをスタートさせることをお勧めします。

とくに、ネットを活用したビジネスを立ち上げる場合には店舗もオフィスも不要です。先行投資も比較的少額で済みます。しかも、在庫を抱えないコンテンツ販売やアフィリエイトなら資金的なリスクも回避できます。

第5章

早く成果を出すためのマーケティングと営業

40

営業活動のセオリー

ひとりの縁を大切にして、チャンスを広げる

「小才《こさい》は縁に逢って縁に気づかず、中才《なかさい》は縁に逢って縁を活かさず、大才《たいさい》は袖触れ合う他生《たしょう》の縁もこれを活かす」

これは、江戸時代初期の将軍家兵法指南役で、柳生新陰流を確立した柳生宗矩《やぎゅうむねのり》の言葉です。できない人は縁に気づかず、普通の人は縁があってもそれを活かせず、できる人は小さなきっかけからも縁につなげるという意味です。**小さな縁も大事にすれば、それがいつしか自分のためになる**という教えです。

この言葉を忘れずに、まずは1人でも多くの人に会うために足を運ぶことはもちろん、こまめに手紙やメールを送ったり、ときには電話をかけたりして、顧客との接点を途切らせないようにしましょう。

その1人を大切にすることで思わぬ発展に繋がることがあるかもしれません。

あなたは、ジョー・ジラードを知っていますか？

彼は自動車販売において「12年連続世界ナンバーワンセールスマン」としてギネスブックにも認定されている営業のカリスマです。著書の『私に売れないモノはない』（フォレスト出版）の中で、「ジラード250の法則」という考え方を紹介しています。それは、1人の人間には平均250人の人脈があるのだとする理論です。

これにより彼は、営業先のうち1人でも自分のことを気に入れば、その背後にいる250人が見込み客になる可能性があると考えて営業活動を行いました。彼は会う人すべてに自分を覚えてもらうために、名刺を渡し、毎月大量のDMを顧客になりそうな人たちに送りました。これが世界ナンバーワンセールスマンにつながったのです。

小さな縁をもおろそかにしなければ、いずれそれがビジネスチャンスとして花開くことがあるかもしれません。

起業のツボ

「大才」のように小さな縁を大切にして活かし、「ジラード」のように1人の背後には250人の顧客になり得る可能性が控えていると考える。

41

営業ツールの準備

営業資料を自分の分身にする

●営業資料

一期一会。ひとり起業家にとっては、出会った人すべてが見込み客です。その場ですぐに営業資料を渡すことができるようにしましょう。

これはパソコンで作成してプリントアウトしたものではなく、光沢紙にカラー印刷します。紙は少し厚手のものを使用しましょう。ネット印刷でもチラシサイズのテンプレートが豊富にありますから、それを利用するとデザイン的に見栄えも良い資料ができあがります。私の営業資料はビジネス文書の標準サイズであるA４サイズにしています。

●小冊子

人の生い立ちや会社の歴史は以外に人の関心を引きます。そこで私は、自分の人生を物語風にまとめた小冊子を作って、お客様に配付しています。タイトルは「ツルハシを持ったおっさんから人気講演講師になった男の物語」（A4判24ページ）です。この小冊子が仕事につながったことが何度かあります。

人は会社概要の「資料」よりも、創業秘話のような「物語」には共感するようです。

●オリジナルの礼状

20代の頃に出会った社長に、「礼状を書く習慣を身につけなさい」と言われました。それから意識的にお礼状を書くようにしています。

しかし、誰しもお礼状を書くことの良さや必要性はわかっているけれど、なかなかすぐに実行できないというのが実状のようです。

私はすぐに礼状が書けるように、常に私製ハガキとオリジナル切手を数百枚ストックしています。オリジナル切手は日本郵便オリジナル切手サービスで作れます。そしてお気に入りのボールペンと万年筆も常に携帯しています。正直に言うと、書く文面は同じような内容です。

しかし、「巧遅《こうち》は拙速《せっそく》に如《し》かず」とも言われるように、内容を考え抜いて遅く送るより、すぐに書いて投函したほうが印象は良くなります。

●ニュースレター

ニュースレターもひとり起業家には必須の販促ツールです。主に既存客をフォローするために使用します。最低でも年に4回、できれば2か月に1回、理想的には毎月の送付を心掛けます。内容は、お客様に役立つ情報が8割で、営業的な内容が2割程度にします。

「効果を実感できない」という理由で継続できない人が多いのですが、ニュースレターの効果は半年から1年程度継続することで表れます。

定期的に発行することで、その都度、顧客に持参することができ、私の場合、直接訪問の大義名分にもなっています。

起業のツボ

営業ツールは、ビジネスの内容だけでなく、それを行うあなた自身の人となりを知ってもらうことができる。また、直接訪問の大義名分にもなる。

● 営業資料（右：表面、左：裏面）

● ニュースレター（A4判4ページ）

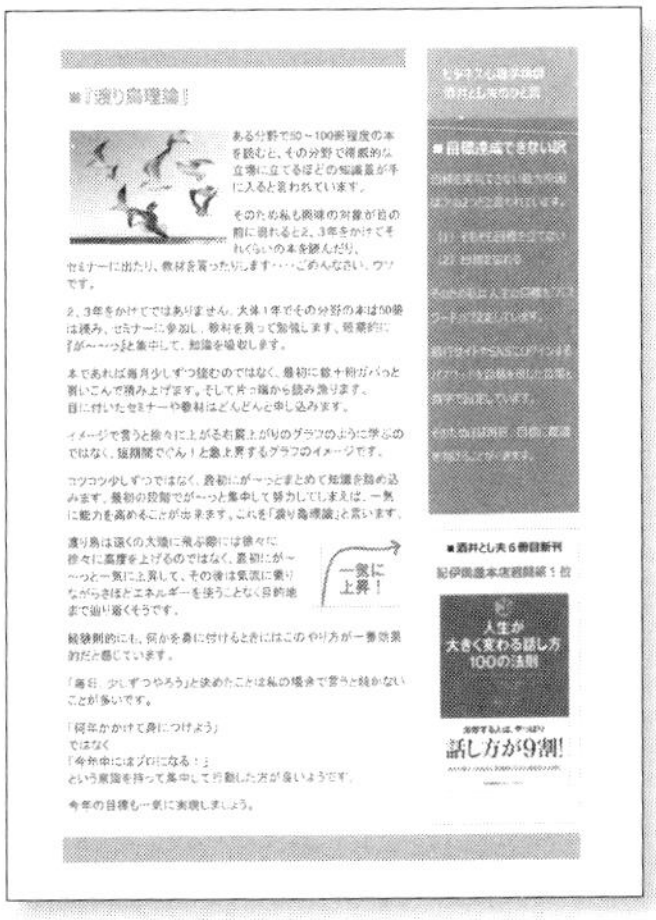

• 小冊子（A4判25ページ）

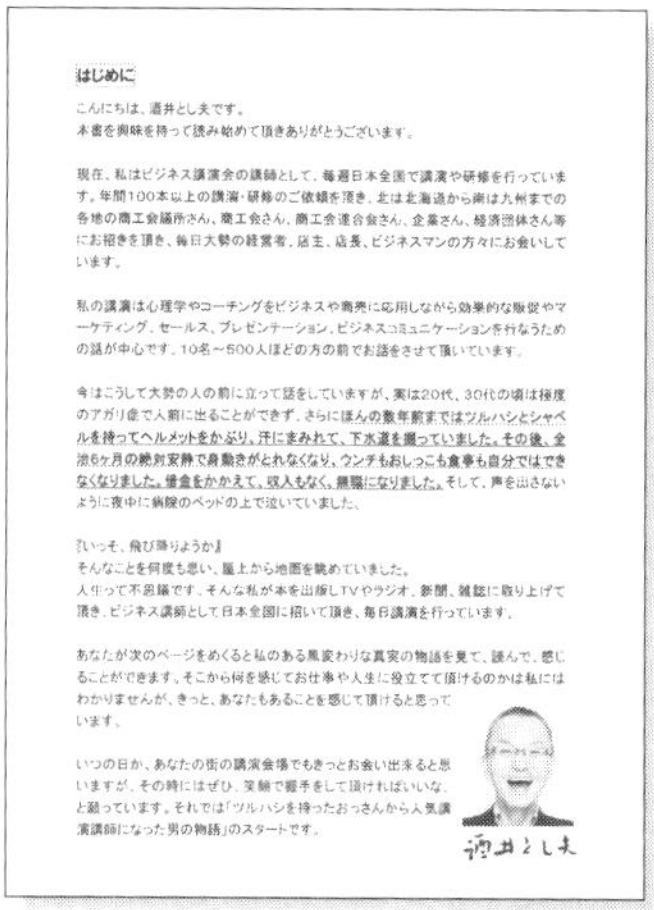
はじめに

こんにちは、酒井とし夫です。
本書を興味を持って読み始めて頂きありがとうございます。

現在、私はビジネス講演会の講師として、毎週日本全国で講演や研修を行っています。年間100本以上の講演・研修のご依頼を頂き、北は北海道から南は九州までの各地の商工会議所さん、商工会さん、商工会連合会さん、企業さん、経済団体さん等にお招きを頂き、毎日大勢の経営者、店主、店長、ビジネスマンの方々にお会いしています。

私の講演は心理学やコーチングをビジネスや商売に応用しながら効果的な販促やマーケティング、セールス、プレゼンテーション、ビジネスコミュニケーションを行なうための話が中心です。10名～500人ほどの方の前でお話をさせて頂いています。

今はこうして大勢の人の前に立って話をしていますが、実は20代、30代の頃は極度のアガリ症で人前に出ることができず、さらにほんの数年前まではツルハシとシャベルを持ってヘルメットをかぶり、汗にまみれて、下水道を掘っていました。その後、全治6ヶ月の絶対安静で身動きがとれなくなり、ウンチもおしっこも食事も自分ではできなくなりました。借金をかかえて、収入もなく、無職になりました。そして、声を出さないように夜中に病院のベッドの上で泣いていました。


『いっそ、飛び降りようか』

そんなことを何度も思い、屋上から地面を眺めていました。

人生って不思議です。そんな私が本を出版しTVやラジオ、新聞、雑誌に取り上げて頂き、ビジネス講師として日本全国に招いて頂き、毎日講演を行っています。


あなたが次のページをめくると私のある風変わりな真実の物語を見て、読んで、感じることができます。そこから何を感じてお仕事や人生に役立てて頂けるのかは私にはわかりませんが、きっと、あなたもあることを感じて頂けると思っています。

いつの日か、あなたの街の講演会場でもきっとお会い出来ると思いますが、その時にはぜひ、笑顔で握手をして頂ければいいな、と願っています。それでは「ツルハシを持ったおっさんから人気講演講師になった男の物語」のスタートです。

酒井とし夫

ツルハシを持ったおっさんから
人気講演講師になった男の物語
～きっと、できるさ。明日に向かってそのまま突っ走しっていけばいい。～

ビジネス心理学講師
酒井とし夫

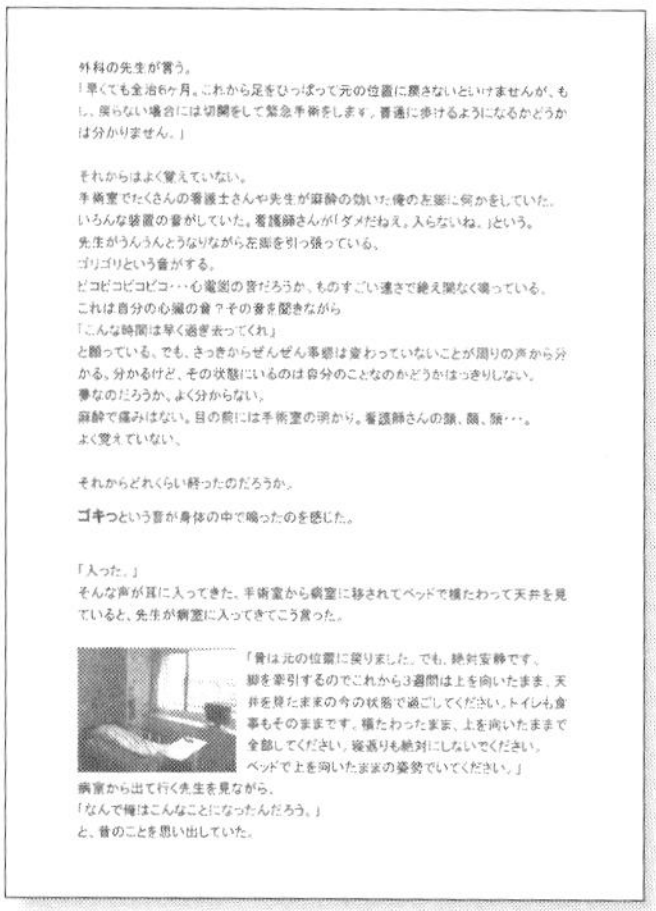
外科の先生が言う。
「早くても全治6ヶ月。これから足をひっぱって元の位置に戻さないといけませんが、もし、戻らない場合には切開をして緊急手術をします。普通に歩けるようになるかどうかは分かりません。」

それからはよく覚えていない。

手術室でたくさんの看護士さんや先生が麻酔の効いた俺の左脚に何かをしていた。

いろんな装置の音がしていた。看護師さんが「ダメだねえ。入らないね。」という。

先生がうんうんとうなりながら左脚を引っ張っている。

ゴリゴリという音がする。

ピコピコピコピコ・・・心電図の音だろうか、ものすごい速さで絶え間なく鳴っている。

これは自分の心臓の音？その音を聞きながら
「こんな時間は早く過ぎ去ってくれ」

と願っている。でも、さっきからぜんぜん事態は変わっていないことが周りの声から分かる。分かるけど、その状態にいるのは自分のことなのかどうかはっきりしない。

夢なのだろうか、よく分からない。

麻酔で痛みはない。目の前には手術室の明かり。看護師さんの顔、顔、顔・・・。

よく覚えていない。


それからどれくらい経ったのだろうか。

ゴキっという音が身体の中で鳴ったのを感じた。

「入った。」

そんな声が耳に入ってきた。手術室から病室に移されてベッドで横たわって天井を見ていると、先生が病室に入ってきてこう言った。


「骨は元の位置に戻りました。でも、絶対安静です。

脚を牽引するのでこれから3週間は上を向いたまま、天井を見たままの今の状態で過ごしてください。トイレも食事もそのままです。横たわったまま、上を向いたままで全部してください。寝返りも絶対にしないでください。

ベッドで上を向いたままの姿勢でいてください。」

病室から出て行く先生を見ながら、

「なんで俺はこんなことになったんだろう。」

と、昔のことを思い出していた。

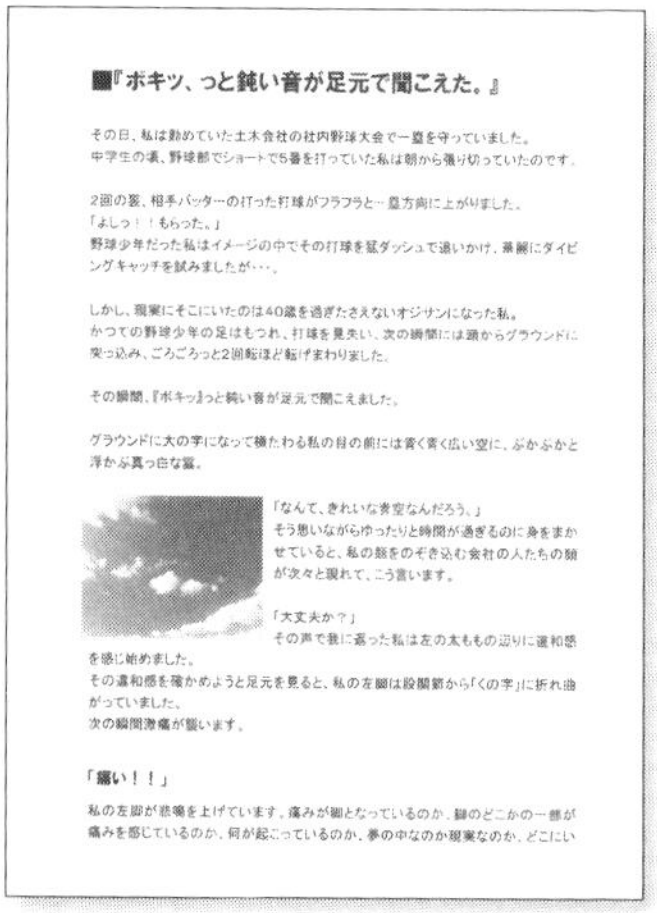
■『ボキッ、っと鈍い音が足元で聞こえた。』

その日、私は勤めていた土木会社の社内野球大会で一塁を守っていました。

中学生の頃、野球部でショートで5番を打っていた私は朝から張り切っていたのです。


2回の裏、相手バッターの打った打球がフラフラと一塁方向に上がりました。

「よしっ！！もらった。」

野球少年だった私はイメージの中でその打球を猛ダッシュで追いかけ、華麗にダイビングキャッチを試みましたが・・・。


しかし、現実にそこにいたのは40歳を過ぎたさえないオジサンになった私。

かつての野球少年の足はもつれ、打球を見失い、次の瞬間には頭からグラウンドに突っ込み、ごろごろっと2回転ほど転げまわりました。


その瞬間、『ボキッ』っと鈍い音が足元で聞こえました。

グラウンドに大の字になって横たわる私の目の前には青く青く広い空に、ぷかぷかと浮かぶ真っ白な雲。


「なんて、きれいな青空なんだろう。」

そう思いながらゆったりと時間が過ぎるのに身をまかせていると、私の顔をのぞき込む会社の人たちの顔が次々と現れて、こう言います。


「大丈夫か？」

その声で我に返った私は左の太ももの辺りに違和感を感じ始めました。

その違和感を確かめようと足元を見ると、私の左脚は股関節から「くの字」に折れ曲がっていました。

次の瞬間激痛が襲います。


「痛い！！」

私の左脚が悲鳴を上げています。痛みが脚となっているのか、脚のどこかの一部が痛みを感じているのか、何が起こっているのか、夢の中なのか現実なのか、どこにい

● 礼状（ハガキ）

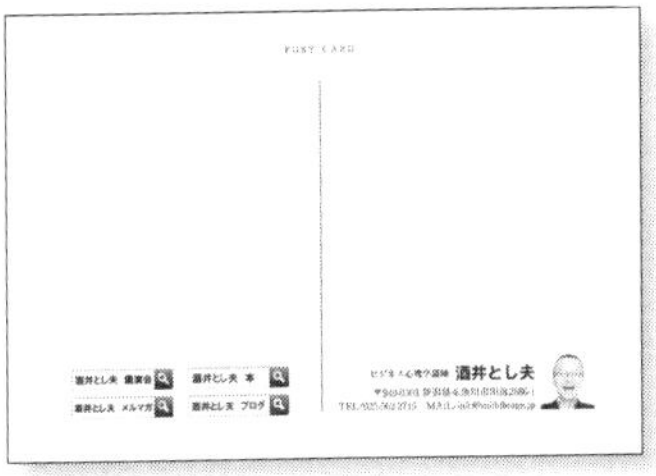

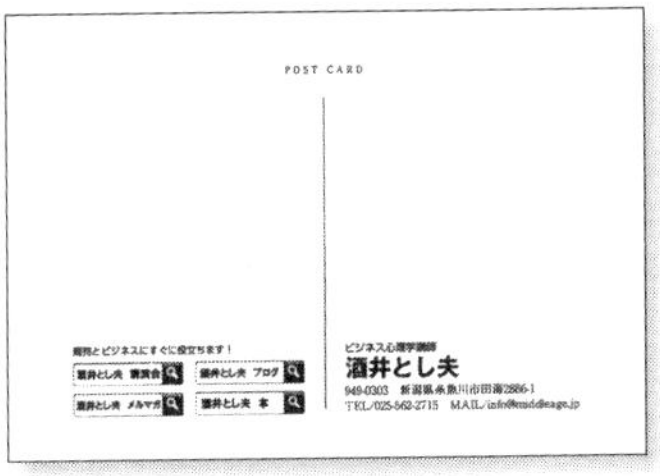

● オリジナル切手

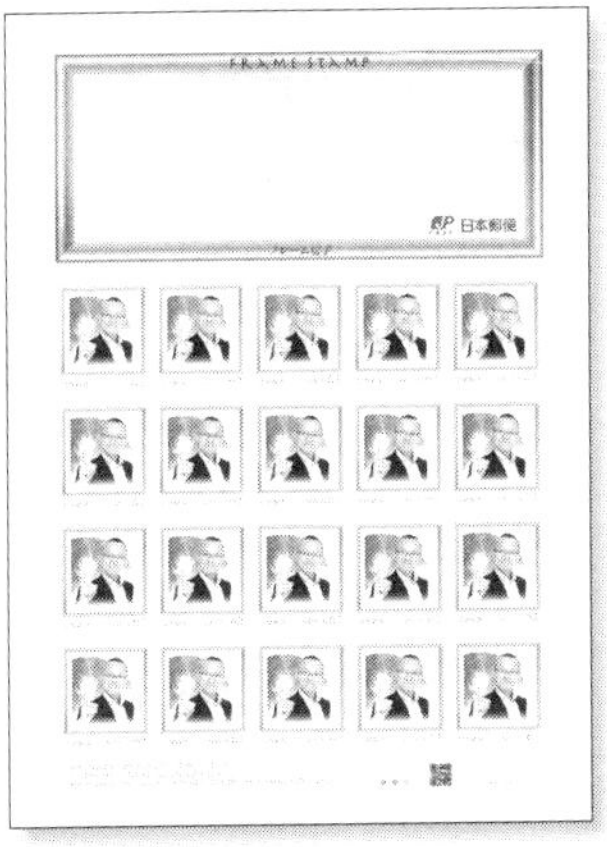

42

販促活動のセオリー

「お客様が喜ぶこと」を起点にする

販促活動とは「なんとかして集客して、販売する」と考えがちですが、まずは「何をすればお客様は喜んでくれるか？」を突き詰めることが、良好な関係づくり、そして顧客化につながります。

あるお蕎麦やさんはお店を開くにあたって、わざわざ蕎麦を食べにみえるお客様にお店で楽しめることはないかを考え抜いた結果、2階の座敷席に高座を作り、落語会を開くことにしました。蕎麦と落語というのがなんとなく相性がいいということがあったからです。演者はプロではないですが、地元で独演会を開くほどの腕前の人に依頼しました。これならギャラは安く抑えられ、お客様は落語をタダで楽しむことができます。

この落語会は定期的に開催され、そのお蕎麦やさんに固定ファンがつくことになりました。また、その町には他にもお蕎麦やさんはありますが、落語が楽しめるお店としての差別化ができました。

また、ある工務店では「親子の音楽の夕べ」と題した無料のクラシックコンサートを定期的に開催することにしました。会場は、工務店のショールーム。ピアノとバイオリンを演奏するのは工務店の社長の親戚夫婦です。

その演奏会には近隣のファミリーが聴きに来られます。「いかに近隣の方々に楽しんでもらえるか」ということを考え、地域サービスの一環として始めたのです。

そもそも工務店のショールームは必要がなければ立ち寄ることはありません。普段はなかなか入りづらいところですが、コンサート会場になったことで、親子が自然な形で来店することができます。これにより、来場者には「必要なときはここにお願いしよう」という気持ちが生じます。これも顧客サービスが差別化になった事例です。

起業のツボ

「どうしたらお客様が喜んでくれるか?」を念頭に、顧客との良好な関係づくりができる集客法を考える。

43

商品価値を高めるキャッチコピー

商品・サービスの良さをシンプルに伝える

商品やサービスには、2つの価値があります。それは、「商品価値」と「評価価値」です。

商品価値とは、商品そのものが持っている商品本来の機能的な価値のことです。これは会社やお店の商品づくりの段階で精魂込めて、時間をかけて作り上げるもの。

それに対して**評価価値とは、その商品やサービスが持つ付加価値のこと**です。

そして、この評価価値はキャッチコピーやネーミングでその評価を上げることができます。アイデアさえあればコストはほとんどかからず、しかもすぐに効果が出ます。

以下にその例を示します。AよりもBのほうが商品・サービスの価値を上げているように感じられるのではないでしょうか？

もちろん、ビジネスでは商品価値を高めることを第一義としなくてはなりません。しかし、同時に自らコピーやネーミングを考えて、その商品の評価価値を高める工夫も大事です。

キャッチコピーはお客様の心に引っかかるようなフレーズにする工夫が必要です。以下に示す例は、Aは商品そのものをストレートに表したコピー、Bは商品の特長を表現したフレーズです。

A：「博多とんこつラーメン」
B：「100人の行列ができる博多とんこつラーメン」

A：「ざるそば　500円」
B：「信州の風味豊かなそば粉のみ使用。毎朝店主が3時から手打ちしています。限定50食。ざるそば　780円」

A：「萩焼き椀　1980円」
B：「使い込むほどに渋みや味が出る『萩の七化け』をお楽しみください。萩焼き椀　3980円」

Ａ：「人気の芋焼酎　３５００円」
Ｂ：「酒屋の店主だけが知っている幻の芋焼酎10本限定入荷！　１本７０００円」

Ａ：「じっくり煮込んだおいしいカレー」
Ｂ：「１００時間かけたとろっとろカレー！　あつあつご飯でガツガツどうぞ」

キャッチコピーで商品価値を高められると、価格も高めに設定することができます。

起業のツボ

「商品価値」をさらに高めるために、その商品の特長や利用者からのポジティブな評価をキャッチコピーで補足する。

44

早く認知度を上げる方法①

クチコミを広げる仕組みを作る

起業はいかにその会社やお店の商品・サービスがお客様に早く認知されるかが勝負です。

そのために一番簡単な方法は他人の評判（好評価）の力を借りることです。

たとえば、あなたならどちらのセミナーに参加したいですか？

経営セミナーを開催します。ぜひあなたもご参加ください。

「20年間経営に関わっていますが、とても実践的でわかりやすいセミナーでした。酒井先生直々の熱い内容でしたので、ガンガンと脳が刺激されて本を読んだだけとは違うワクワクしながらの受講でした。短時間で濃縮された内容を分かりやすく聞きやすく圧巻のセミナーでした」（埼玉県　自動車関連　経営者）
経営セミナーを開催します。ぜひあなたもご参加ください。

前者は無機的ですが、後者は熱意のある第三者の感想なので、なんとなく信頼感が感じられませんか？

このように、人の口を借りて信用づけをする心理術を**「マイフレンド・ジョン・テクニック」**と言います。「私の友だちのジョンがこんなことを言っていたのだけれど……」という説得の技術のひとつです。

これと同様に、**会社の社長など権威者のクチコミの威力を借りる方法も信用度を上げるには効果的です**。

実績も経験も少ないひとり起業家が早期に認知度を上げるには虎の威を借りる、つまり権威者の推薦を手に入れるということです。

私が初めて本を出したのは、２００６年のことです。その頃の私は今の事業を始めたばかりの無名人でした。無名で著書の実績のない人が本を書いても簡単には売れないことはわかっていましたので、私はランチェスター経営戦略の第一人者である竹田陽一先生に帯への推薦コメントをいただきました。竹田先生の権威をお借りしたおかげで、販売に勢いがつきました。

また、講演活動を始めるときも、日本一の人気講師に選ばれた木越和夫先生の推薦コメントを講演資料に入れたことで、日本全国から講演依頼がいただけました。

こうした権威者から推薦をいただくために、私は以下のようなことをしました。

まず、推薦などをいただきたい方のセミナーに参加して質問をし、名刺交換をする。セミナー後の懇親会に参加し雑談をし、その日のうちに礼状を書き、メールやSNS送る。年賀状や暑中見舞いの定期的な挨拶、誕生日プレゼント、著書があればその感想……。

こうしたことを手を抜かずに行い、その方の記憶に強く残るように接点を持ち続けたのです。

ひとりビジネスは、やるべきことを徹底して実行することがポイントです。

ただし、度が過ぎてはかえって迷惑になりますので、礼節を判断基準にして行うように注意も必要です。

起業のツボ

通販サイトやグルメサイト、旅行サイトの「クチコミ」と同じく、第三者や権威者からの好評価を得られる仕組みを作る。

45

早く認知度を上げる方法②

テレビや新聞にアプローチする

ひとり起業家が事業開始後に認知度を上げるには、少々ハードルは上がりますが、マスコミの力を借りることも想定しましょう。

たとえば、あなたならどちらの食パンを食べたいですか？

◎ふんわりしっとり、焼きたてのようなパンをどうぞ！
◎ＮＨＫで紹介されました！　ふんわりしっとり、焼きたてのようなパンをどうぞ！

起業して一気に知名度を上げる方法は、テレビや新聞で紹介されることです。私のサイトやブログには、「雑誌プレジデントやフジテレビでも紹介！された人気講師」と書いてありますが、これを見た方から講演の依頼をいただくことも少なくありません。

私の場合、テレビ、ラジオ、雑誌の取材は毎週配信しているメルマガやブログをマスコミの方が読んでご依頼をいただいたり、送り届けたニュースリリースを読んで取材を受けることが多くありました。そのため、あなたもテレビや新聞などから取材してもらうには、ニュースネタを発信し続けることです。

たとえば、**あなたのビジネスがある分野でナンバーワンとか、これまで誰も思いつかなかったアイデアというような、紹介する側がニュースとして価値があると思ってもらえるようなネタをSNSで継続的に発信したり、ニュースリリースを送ったりすることです。**

特にテレビの場合は「画《え》になる」、つまり映像にできるネタが必須条件ですので、そのことを意識したニュースネタを作ります。

そのニュースネタはSNSでも発信しますが、私の場合、新サービスを提供するときはニュースリリースも送付するようにしています。ニュースリリースとは、ウェブメディアやテレビ・ラジオ・新聞・雑誌など、いわゆる「媒体」に向けて商品・サービスを取材してもらったり、紹介してもらうための案内文書のことです。

次のページに示したサンプルは、私が1冊目の著書『広告宣伝心理術』を出版した際に作成したニュースリリースの現物です。

平成　　年　　月　　日

○○　御中

新刊本「小さな会社が低予算ですぐできる広告宣伝心理術」

５名様にプレゼントさせて頂きます。

著者／酒井とし夫

新潟県旧青海町生まれ、

現在、新潟県糸魚川市在住

出版元／日本能率協会マネジメントセンター

「小さな会社が低予算ですぐできる広告宣伝心理術」（日本能率協会マネジメントセンター刊／酒井とし夫著・新潟県糸魚川市在住）が平成 18 年 9 月 20 日に出版されます。貴誌にてご紹介を頂けましたら地元の方への恩返しの気持ちを込めて小著を読者５名様にプレゼントさせて頂きたいと思っています。

本書では地方に多く存在する小さな会社やお店、ネットショップを経営されている方を対象に、心理学をベースにした効果的な広告宣伝テクニック、マーケティングノウハウ、経営戦略を解説しています。

ランチェスター経営戦略で有名な竹田陽一先生の推薦も頂いており、どんな業種、業態の会社、お店、ネットショップでも効果的に低予算で集客できるノウハウをおよそ２５０ページにわたって解説しています。

私を育ててくれた地元の方への恩返しの気持ちを込めてご希望の方がいらっしゃいましたらプレゼントさせて頂きたいと思っていますのでご検討ください。

詳細、お問合わせは下記までお願いいたします。

ファーストアドバンテージ有限会社　代表：酒井とし夫

949-0303 新潟県糸魚川市田海 2886-1　電話：025-562-2715　メール：info@middleage.jp

「中小企業の広告や販促活動に役立つ本を書きました。もし貴社の媒体で紹介してくださるのであれば本を視聴者の皆さんにプレゼントさせて頂きます」という内容をＡ４サイズ１枚で案内した文書です。

私は本を出版するたびにこのようなニュースリリースをいろいろな媒体にＦＡＸ送信しています。その結果、地方紙やビジネス雑誌、ラジオなどに取り上げてもらっています。こうしたことでの紹介による講演の依頼は少なくありません。

どんなに良い商品やサービスを扱っていても、知られなければ存在しないのと同じです。

「ニュースリリース」の作り方や媒体各社への送り方のテクニックを紹介した本はいくつも刊行されていますので、それらを参考にして、まずは自分で試してみてください。

起業のツボ

自分から情報発信しなければ、誰も自分のビジネスのことは知ることはないと心得て、情報発信も大事な営業活動として通常の仕事に入れる。

46

店舗営業のセオリー

店舗と接客サービスで好印象を生む

●店舗

お客様が商品を見やすく、かつ購入につながりやすい売り場や店舗を作ることを「**ビジュアルマーチャンダイジング（VMD）**」と言います。

そのVMDインストラクターで店舗コンサルティング会社オフィスアールエス代表の佐藤玲子さんに良いお店の顔の作り方を教えていただきました。

それは「**清潔で、店内が見えて、入り口は漏斗《ろうと》のように誘導し、集客商品を陳列する**」ということだそうです。

まず、入り口や窓越しから店内がよく見えるようにします。入り口付近や窓際に高い什器があると外から店内を見ることができません。内面がわからない相手に警戒心を抱くのと同様に、お客様はお店も中の様子をうかがうことができないと不安になり、入店しづらくなります。そして、入り口付近は漏斗状に花やワゴン、什器を並べて自然にお客様を店内に誘導できる形にします。

●接客サービス

「繁盛しているお店には共通項がある。それはお出迎え3歩、お見送り7歩」

これは福井県小浜市でお箸の製造・販売会社の創業者で「商売繁盛」を主なテーマとした講演家としても活躍する木越和夫さんから教えていただいた言葉です。

木越さんは、お客様が来店されたときは「3歩進み出てお出迎え」をし、お帰りになるときは「お客様の少し後ろから一緒に7歩を歩いてお店の外まで出てお見送りをし、姿が見えなくなるまでお辞儀して感謝しなさい」と従業員に教えているそうです。**感謝の心を態度でしっかりと示すことで、お客様に良い印象を残す配慮です。**

起業のツボ

お客様が入るのに何も躊躇しない店舗、販売した後も好印象が残るような接客サービスに努める。

47

顧客関係性強化の技術①

人は共通項がある人に好意を抱きやすい

人は自分と共通点がある相手に好意を抱きやすいという心理があります。あなたは次のような経験をしたことがありませんか？

・出身校が同じだったので、相手に親しみを感じた。
・応援しているプロスポーツチームが同じだったので、相手と話が盛り上がった。
・生まれた年が同じだとわかったので、相手との距離がぐっと近づいた。

そのことを証明することとして、社会心理学者R・B・チャルディーニは著書『影響力の武器　実践編』（誠信書房）の中で次のように述べています。

「顧客からよい反応を得るには、名前、信条、出身地、出身校など何であれ顧客と類似点のある販売担当者が売り込みをしたほうが効果的だ。」

相手との心理的距離感をさらに縮める方法があります。それは、「バックトラッキング」

を使った会話です。「バックトラッキング」とは、相手が口にした言葉を同意するようにそのままオウム返しに追従する会話法です。

バックトラッキングはイエスセット、つまり相手の話に「はい」「ええ」「そうです」「そのとおりです」と相手に同調することになりますが、人は同調する相手に好意を持つ傾向があります。また、同調してくれる相手には安心感を抱くことが多いのが普通です。

同調による好意と安心感により、相手との距離感が縮まるわけですが、これは傾聴の技術の特徴でもあります。

起業のツボ

相手の話すことに相槌を打ったりして同意し、相手が気持ちよく会話できるように聞き役になることを意識する。

48

顧客関係性強化の技術②

定期的な顧客訪問の習慣を作る

以前、関西で講演したときに23歳でトップセールスになった大手保険会社の外交員の女性とたまたま話をする機会がありました。23歳の若さでトップセールスということに興味を持った私は次のように訊きました。

「他の人とは違うことをしたからですか?」

「他の人と同じで、特に変わったことはしていません」と彼女は答えましたが、少し間をおいて、「あえて他の人と違うことと言えば、アメ(飴)ちゃんだけは欠かさずにお客様にお渡しししていました」と付け加えました。

関西の女性は飴を持ち歩いて人に配るという話をよく聞きますが、彼女もお客様のところに飴を持参したというのです。

私が、「それだけではトップにはなれないでしょう?」と言っても、彼女は他には何もやっていないと言います。あとは、毎日午前午後の2回訪問し、その都度アメを持って行ったそうです。そこで、さらに訊きました。

「どれくらいの期間？」

「2年です」

彼女はお客様の元へ毎日朝晩欠かさず2年間通ってアメちゃんを届けたというのです。しかも、朝晩のアメちゃんに必ずひと言メッセージを書いていたのだそうです。

このことを別の講演会で話したときのことです。講演終了後に聴講者の運送会社社長がこんなことを話してくれました。

「今日の話のセールスレディのように、私も創業した当初は地元の会社やお店に用事もないのに毎日毎日顔を出していました。『毎日来るな！』と言われてもです。それを続けるうちに、少しずつ取引先が増えていったんです」

起業のツボ

御用聞きのように、顧客の元へ日参することを継続することが顧客の心をつかむ商売の基本。

49 顧客関係性強化の技術③

フィア・アピール・トークを使う

人間は、快楽を求める行動よりも、苦痛から逃れる行動のほうがパワーが強いそうです。そこで**営業活動では「意図的に見込み客に恐怖を与え、それに対する救済法を提示する」というフィア・アピール・トークがよく使われています。**

たとえば、生命保険会社が「一家の大黒柱であるあなたがガンになったら家族は路頭に迷ってしまいます。備えあれば憂いなし。今すぐ資料請求を！」という内容のCMを行ったり、英会話教室が商店街の店主に「インバウンド客を逃がさないため、これからは商店でも少しは英語が話せないと売り上げの回復は難しいですよ」と受講の案内を行うのは、フィア・アピール・トークを使った営業活動になります。

なお、フィア・アピール・トークを使って話す内容を考えるとき、次の2つのポイントを外さないようにします。

・あなたのターゲットとなるお客様は、どんなことに不安や恐れを感じていますか？
・あなたはその不安や恐れを、どのように解決できるのですか？

この2つの問いに対する答えを念頭に置きながら、お客様に話す内容を考えれば、フィア・アピール・トークが完成します。

フィア・アピール・トークはチラシやDMのコピーライティングにも有効です。

お客様へ送るDMに「補聴器相談会開催！　日時：※※／場所：※※」と書くだけよりも、「難聴は放っておくとウツや認知症に!?　難聴が進行すると周りの人との会話が面倒になることで脳への刺激がなくなり認知機能が低下するとも言われています。そこで、あなたも一度無料相談会で補聴器を試してみませんか？　補聴器相談会開催中です。日時：※※／場所：※※」とすると来店につながりやすくなります。

起業のツボ

お客様が不安や課題に思っていることとその解決策は何かをいくつも考えて、書き出してみる。

Coffee Break

縁のタネを蒔く

私の仕事場の壁には、ミレーの「種を蒔く人」の絵を飾ってあります。毎日その絵を眺めては、タネを蒔くという気持ちを思い起こしています。

もし、今月の売り上げが少なければ、それは半年前にタネを蒔かなかったからです。タネを蒔かなければ芽が出ません。芽が出なければ花が咲き、実を結ぶことはありません。

もし、業績が思ったほど伸びなければ、それは縁のタネを大切に育てなかったからです。芽が出ても大切に育てなければ、やはり実は結びません。

あなたに仕事や機会をもたらしてくれるのは周囲の人たちです。

ひとり起業家の時間の使い方で大事なこと、それはひとりでも多くの人に会ったり、手紙を書き、電話をかけて、ハガキやメールを送るなど顧客との接点を途切らせないことです。それがひとり起業家のタネ蒔きです。

蒔いたタネを大事にすれば、必ず芽を出し、実を結びます。

第6章

成功のためのWebマーケティング

50 ホームページは最大の武器

ホームページを自分で作ってみる

●ホームページを自作する

ホームページのどんなデザインでどんなキャッチコピーがユーザーの反応がいいかは、実際に公開してみないとはっきりしたことはわかりません。ウェブはすぐに更新が可能なので、できればはじめは自分でホームページを作り、情報の更新も自分でできるようにしておくことがお勧めです。

特に、ｈｔｍｌやスマホ対応の仕組みがわからなくても、以下のようなサービスを利用すれば、無料または低コストでホームページの制作が比較的簡単にできます。

・ペライチ（https://peraichi.com/）
・ＪＩＭＤＯ（https://jp.jimdo.com/）
・ＷＩＸ（https://ja.wix.com/）

少し本格的にWebマーケティングをひとりで行うのであれば、「ホームページビルダー」などの専用ソフトを使ってホームページを作成し、オリジナルドメインを取得して、レンタルサーバーで運用するのがベストです。初心者にもお勧めのレンタルサーバーは以下になります。

- エックスサーバー（https://www.xserver.ne.jp/）
- ロリポップ（https://lolipop.jp/）
- スターサーバー（https://www.star.ne.jp/）
- さくらのレンタルサーバ（https://www.sakura.ne.jp/）

なお、本書ではホームページとウェブサイトと混在して表記していますが、どちらも同じ意味で使っています。

●ランディングページを使いこなす

ウェブサイトには大きく分けて、「カタログ型」「会社案内型」「ランディングページ型」があります。

●**カタログ型**：複数のページで構成。主なコンテンツは取扱商品（サービス）の名前や写真、価格、特徴等をカタログ雑誌のように羅列したもの。

●**会社案内型**：複数のページで構成。主なコンテンツは企業の事業内容、製品情報、採用情報、ＩＲ情報、沿革等。

●**ランディングページ型**：１枚で作られている縦長のサイト。サイトを訪問した人に購入や申し込みなど、直接的なアクションを起こしてもらうためのページのため、内容は特定の商品やサービスの紹介、来店促進（集客）、見積り依頼などが目的のページ。セールストーク的なページのため、１枚簡潔で内容を表示し、ユーザーにすぐにアクションを起こしてもらいたいため、情報量が少し多くなることで縦長のページになりがち。

一般的に、**ウェブサイトへの訪問者の半分は8秒で離脱する**と言われています。そこで、多くの商品やサービスを提供して売るのでなければ、まずは**「ランディングページ型」サイトから始めるのがいいでしょう**。

「ランディングページ型」サイトは文章を中心に構成し、見込み客の不安や悩みを明確にして、自社の特定の商品・サービスがその解決に役立つことを伝え、推薦や紹介、既存ユーザーの感想なども掲載し、サイトにアクセスした人に商品・サービスの購入や利用、資料請求、来店につなげることを意図して作成します。

仮に、あなたの扱う商品・サービスが10種類以上あるような場合には、「カタログ型」にすべてを羅列するのではなく、１つ１つの商品やサービスを「ランディングページ型」で作成します。

なお、１９０ページ「無料ホームページサービス」で紹介したペライチ（https://peraichi.com/）は「ランディングページ型」作成に対応しています。

●ランディングページの基本構成

「ランディングページ型」の基本構成は以下のとおりです。

(1) ターゲットへの呼びかけとメインタイトル
(2) 問いかけによる悩みや不安の明確化
(3) フィアアピール（不安を煽ることで行動してもらうこと）
(4) 解決策の提示（＝自社商品の効用紹介）
(5) 特徴・他社との違いの明示
(6) 信頼・実績のアピール

⑺社会的証明（お客様の声などによる信用づけ）
⑻オファー、特典
⑼保証・約束
⑽Q&A
⑾プロフィール
⑿顔出し
⒀追伸・メッセージ
⒁行動しないデメリット、背中を押す
⒂特定商取引法に基づく表記とプライバシーポリシー

なお、スマートフォンでサイトを閲覧しているお客様は文章を下へスクロールしながら読み進めていきます。どの時点で申し込みをしたくなるかはわかりませんので、「購入ボタン」「予約ボタン」「資料請求ボタン」は随所に点在させます。

以下のサイトはこの基本構成をもとにした文章で作られています。

- 小さな起業の経営講座（https://ssl.middleage.jp/singlebiz/）

●ランディングページ用文章作成法

ランディングページを比較的簡単に作る方法として、前出の「ランディングページの基本構成」の項目1つ1つに質問を設定し、それに回答するスタイルがあります。

Q1　何と呼びかければあなたの見込み客は振り向きますか？
例：「体脂肪が気になるあなた！」「定年後に起業を考えている方へ」

Q2　その人の悩みは何ですか？　10項目書き出しましょう。

Q3　その人を少し不安にさせて自分ごととして考えてもらうようにするにはどんなことを訴求すればよいですか？
例：「あなたが病気になったら家族はどうなるのでしょうか？」「シミやそばかすのせいで年齢より老けて見られませんか？」

Q4　その人の悩みをあなたはどんな商品（サービス）で解決してあげることができますか？

Q5　その商品（サービス）は他社のものとは何がどう違うのですか？

Q6　あなたや商品（サービス）に信頼性を与えるものは何ですか？

例：資格・実績・キャリア・肩書・表彰受賞歴・マスコミ・権威・推薦　等すべて

Q7　どうすればあなたや商品（サービス）に対しての感想や推薦を手に入れることができますか？

Q8　商品（サービス）以外に見込み客にプレゼントできるものは何ですか？　5項目以上挙げてみてください。

Q9　あなたが見込み客に保証・約束できることは何ですか？

例：返金、返品、交換、納期、アフターフォロー等

Q10　見込み客があなたに質問しそうなことは何ですか？

Q11　見込み客があなた（あなたの会社やお店）に対して「この人は凄い！」「この人は本物だ！」と感じてもらうにはプロフィール（会社概要）には何を記載すればよいですか？

Q12　そのプロフィール（会社概要）にはどんな写真を掲載すればよいですか？

Q13　最後にどうしてもこれだけは見込み客に対して心から伝えておきたいことはなんですか？

Q14　人は理解しても行動を躊躇《ちゅうちょ》します。想定顧客の背中を押して勇気を持って行動してもらうにはどんなメッセージを伝えればよいでしょうか?

例：「少人数制のため定員になり次第締め切ります。ご希望の方はお早めにご予約ください。」

これらの回答が「ランディングページ型」サイトの文章骨子となります。この骨子に肉付けをして、文章化します。さらに写真やイラストを加えるとサイトが完成します。

●既知のことに専門性を加える

ランディングページに誘導するためのブログやメルマガ記事の書き方は読み手に共感してもらうとともに、あなたの専門性を訴求できる書き方を意識します。そのパターンを3つ紹介します。

(1)「既知のこと＋専門性」パターン

導入では読み手が日常生活で経験することやよく知っていることを話題にします。そこからストーリーを展開して、最後には自分の専門性につなげて、ランディングページへ誘導します。

【例1】

電車で大またを広げて座っている人をたまに見かけます。脚を組んだり、投げ出している人もいます。空いている車内ならともかく、混雑時はマナー違反。

実はその足には人の性格や本音が出ることが心理学の実験からわかっています。たとえば……、

膝に反対の足首を乗せて脚を組むのは、自分をアピールしたい気持ちの表れ。

足を伸ばして前に投げ出すのは、退屈している証拠。

足を組むときに右足が上になるのは、内気、消極的、慎重なタイプ。

足を組むときに左足が上になるのは、開放的、楽観的、わがままなタイプ。

そして、あなたと会話中に相手の足先が出口に向いていたとしたら……、それはあなたに興味が無い、あるいはその場から早く離れてたいという気持ちの表れです。

私はビジネスでの打ち合わせのときには、相手のツマ先や脚を見て話す内容も変え

ています。

あなたも交渉、セールス、打ち合わせ時にはぜひ相手の表情だけでなく、ツマ先まで観察しましょう。本音は足に出ています。

このように相手の本音が読めると交渉も優位にすすめることができますね。ビジネス心理学セミナーの詳細はこちらをクリックしてください。

(2)［ニュースや話題＋専門性］パターン

導入ではテレビやネットで話題になっていることを書きます。そこからストーリーを展開して、最後には自分の専門性につなげて、ランディングページへ誘導します。

【例2】

先日、テレビを見ていたらアイドルのAさんにそっくりなロボットが紹介されていました。

このロボットは内臓センサーが人に反応し、人のいる方向へ視線を向けるのが特徴なのだそうです。

アイドルのAさんは握手会ではファンの目を10秒以上も見つめて話すと言われるほど、視線を合わせるのが上手なアイドル。

そんな彼女の視線の〝神対応〟でファンになる人も多いのでしょう。


視線と言えば、心理学でこんな実験があります。J・ケラーマン博士は実験参加者の2人を1組にして近くに座らせました。2人はお互いに会話をしてはいけません。

そして、「相手のまばたきを数えてほしい」と指示しました。その結果、被験者はお互いに愛情を感じるようになり、しかも尊敬の念まで感じるようになったのだそうです。

つまり、アイコンタクトが増えれば、それによって相手の魅力が高まるということですね。また、日本大学芸術学部の佐藤綾子教授の実験では、1分間に32秒程度のアイコンタクトが相手に快適な印象を与えることがわかったそうです。

これらの実験結果からも、アイドルAさんの視線が熱烈なファンを生んでいることは間違いのないところです。

私たちも仕事の場ではやはり相手の目を見つめるというのは大切です。ぜひ、アイコンタクトの苦手な人は次のようなことを試してみてください。

①「いったこの人は打ち合わせの間に何回まばたきをするのだろう?」と関心を持って、相手のまばたきの数を数える。

②「この人はどんなまつげの形をしていて、何本くらい生えているのかな?」と相手のまつげの様子を興味を持って観察する。

ロボットであってもこちらに視線を向けるとなんだか嬉しくなるのが人の心理。ましてやあなたが相手の目に向かって熱い視線を向けていたら、ゆきりん（AKB48の柏木由紀）のようにあなたにも会社の内外でファンがどんどん増えるかも!

視線の使い方ひとつでプレゼンを優位に薦めることができます。

ビジネス心理学セミナーの詳細はこちらをクリック!

(3)［実話＋専門性］パターン

導入では自分が経験したことを書きます。そこからストーリーを展開して、最後には自分の専門性につなげて、ランディングページへ誘導します。

［例3］

最近ご無沙汰しているお寿司屋の女将さんがやってきた。

「ちょっとたくさん作りすぎちゃったのでよかったら食べて！」……と差し出されたのは、美味しそうな煮物。

「あれれ～、ありがとう！　最近ご無沙汰していてすみません。ここのところ出無精で……。大将は元気ですか？」などとしばらく世間話をする私。

「じゃまたお店にもいらしてくださいネ」と女将さん。

車で去っていく女将さんを見送りながら、

「お店に行かんとなあ……」などと思う私。

これを心理学では【返報性】と言いますね。人は相手からモノをいただいたり良くしてもらうと、お返しをしなくてはならないという心理が働きます。

（だから、私は後日お寿司屋に行くわけですね。）

良い悪いは別にして、人はモノをもらうと恩義を感じるわけですから、心理学的には「お願いするときはモノ持参」は正解！　ということになります。

良いコミュニケーションを取ろうと思うなら、最初に自分から「与える」とよいですね。

人間心理を理解すると商売が楽しくなります。

ビジネス心理テクニックセミナーはこちらをクリック。

起業のツボ

ホームページはひとりビジネスでは必須の武器。運用の仕方を具体的に理解するために、はじめは自作してみる。

51

Webマーケティングの教訓

差別化がないと他のサイトに顧客は移る

ネットを活用してビジネスを行うには、

「あなたと他の会社やお店との違いは何か?」

「他にも同じような商品があるのになぜあなたから買う必要があるのか?」

というように、差別化に意識を向けることがとても重要です。

なぜなら、購買行動がＡＩＤＭＡからＡＩＳＡＳに移行しているからです。

ＡＩＤＭＡはAttention（認知）→Interest（興味）→Desire（欲求）→Memory（記憶）→Action（行動）、そしてＡＩＳＡＳはAttention（認知）→Interest（興味）→Search（検索）→Action（行動）→Share（共有）という消費者の購買行動の流れを表したマーケティング用語です。

ネット以前の購買行動は、広告で「気づき」、「興味」を持ち「欲しく」なることで強く

「印象」に残り、お店に「買いに行く」という流れが一般的でした。

それがネットが普及した現在の購買行動では、「気づいて」「興味」を持つまでは同じですが、その後はスマホなどで「検索」して類似商品やユーザーの評価などから「比較」して購入に至り、さらには実際に使った感想などをネットで「シェア」したりもします。

このときに、あなたの商品が他の会社やお店でも扱っているものと変わり映えのしない場合には、値段の安いものが選ばれます。

当然、商品そのものの機能などに差別化がないといけませんが、他にも納期、アフターフォロー、特典、補償内容、配送料や税金、金利負担の有無、高いレビューの多さ、受賞歴、マスコミ掲載歴、資格、創業年数、あるいは販売者本人の有名度といったことも差別化の対象となります。

ともあれ、**あらゆる情報がネットで流れる現代は、「ユーザーは必ず他と比較している」ということを肝に銘じて差別化を図ることがもはや常識ともいえます。**

起業のツボ

AISASが一般化している現在、他社との差別化をはっきりさせることが成功の条件。

52

顧客のアクセスを増やす裏ワザ

マルチ・エントランス戦略で入り口を増やす

多種類のSNSを活用するようになると、図のようにメインとなるサイトに様々な流入経路からアクセスされるようになります。

私の場合で言えば、「講演会講師・酒井とし夫」のサイトがメインとなるお店に相当します。そこに、メルマガ、アメーバブログ、ワードプレス、ユーチューブ、LINE、インスタグラム、ツイッターからのアクセスがあります。

イメージとしては、基幹店となるお店があって、テレビ・ラジオ・新聞・雑誌・DMなどでの広告を目にしたお客様が来店する、という感じです。つまり来店の入り口が複数ある、ということ。これを**「マルチ・エントランス戦略」**といいます。

「複数のSNSに投稿する時間がない」という方もいますが、1つのコンテンツを流用すればいいのです。

マルチエントランスのイメージ

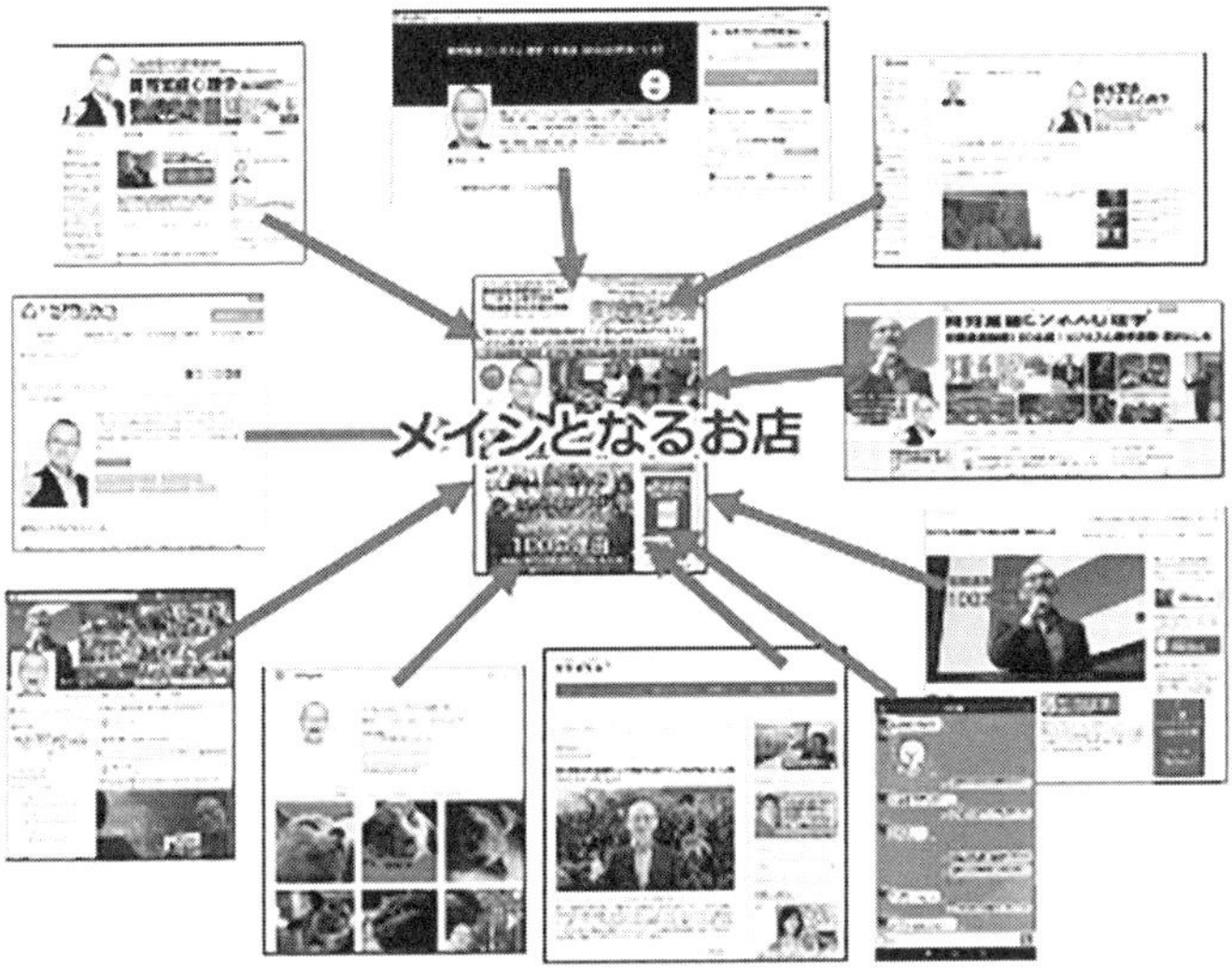

私の場合であれば、週に3回12年間配信しているメルマガがキーコンテンツになります。そのメルマガで書いた記事を、写真やイラスト入りでワードプレスの記事に流用して、その投稿をアメブロやフェイスブックやツイッターで告知する、あるいはメルマガで書いた記事をカメラの前で読み上げてそれをユーチューブにアップし、ワードプレスにその動画を埋め込み、ツイッターで更新を告知する、という使い方をしていますので、扱っているSNSの種類は多くてもコンテンツは同じです。

また、講演での出張先で見つけた

ビジネスネタになりそうなモノを写真で撮影してインスタグラムに投稿して、後日、そのことをメルマガで記事にして配信し、その内容を写真と動画付きでワードプレスにアップするというように使っています。

そのため、それほど多くの時間を費やすわけではありません。

ネットの場合は、質より量が優先されるのです。

起業のツボ

複数（マルチ）の流入経路（エントランス）を確保するためにメインコンテンツを決めてそれをもとに、複数のＳＮＳで流用する。

53 集客を効率的に行う基本 SEO対策からはじめる

ひとりビジネスでは、ネットの活用が基本です。ネットを使えば、見込み客の発掘も短時間・低コストでできます。

たとえば、あなたが茨城県水戸市で整体治療院の起業を検討しているとします。あなたは腰痛治療に自信があり、そのサービスをメインに提供しようと考えているとします。

水戸市在住の人の中で「誰が腰痛に悩んでいる人」なのかを探すために、看板を出したり、折込チラシ、DM、ポスター、ポスティング、タウン誌への広告などで認知を図り、集客することになります。つまり、潜在的に腰痛に悩んでいる人に向けてアプローチを仕掛けます。

一方、ネットでの集客の場合、腰痛に悩んでいる人が治療してくれるサービスを自ら探してアプローチしてきます。

あなたのサイトやブログが「水戸市　腰痛　治療」というキーワードでの検索結果に表示されるようにしてあれば、顧客のほうからアプローチしてきます。

そこでオンラインを使う場合にやるべきことが、ＳＥＯ対策です。

ＳＥＯとはSearch Engine Optimization（検索エンジン最適化）の略語であり、**ＳＥＯ対策とはグーグルでの検索を前提にした、自社サイトやブログを検索結果の上位に表示させるための手法です。**

そのＳＥＯ対策の基本となるテクニックを事項から詳しく説明していきます。

起業のツボ

潜在顧客の集客で最も効率の良い方法がＳＥＯ対策。ＳＥＯ対策の基本的な実践方法をまずは身につける。

54

SEO対策の基本①　キーワードのリストアップ

想定顧客が反応する言葉を吟味する

●ポイントは顧客の立場で考えること

SEO対策の基本は、キーワードのリストアップです。

まずは、あなたの扱っている商品やサービスを探す人はどんなキーワードで検索すると思うかを、その想定顧客の気持ちになって、思いつくかぎりリストアップしてみましょう。

そのときには「腰痛」のように1つのキーワードでも、組み合わせのキーワードでもかまいません。

1つのキーワード：「腰痛」

2つの組み合わせ：「腰痛　解消」「腰痛　改善」

3つの組み合わせ：「腰痛　改善　指導」「腰痛　治療　水戸市」

4つの組み合わせ：「腰痛　療法　評判　水戸市」「腰痛　治療　エキスパート　水戸

市」

5つの組み合わせ：「腰痛　おすすめ　治療　水戸市　痛くない」「腰痛　改善　治療　水戸市　感想」

キーワードのリストアップは、知り合いにあなた商品やサービスを説明したうえで、どんな検索キーワードで検索するかを聞いてみるのもいいでしょう。

私が主催する起業セミナーでも、参加者に最初に自分でキーワードをリストアップしてもらいます。その後、参加者同士で「あなたならどういうキーワードで検索するか？」を聞き合います。こうすることで、自分視点と顧客視点の違いに気づきを得て、最適な検索キーワードが精査できます。

●キーワードプランナーを使う

キーワードのリストアップをひとまず終えたら、次はそれらのキーワードが実際にどのように検索されているかを調べることができるサービスを使って、さらにキーワード候補を増やしていきます。

キーワードを調べることができるサービスとしては、グーグルの提供する「キーワードプランナー」が有効です。

• キーワードプランナー（「キーワードプランナー」で検索）

https://ads.google.com/intl/ja_jp/home/tools/keyword-planner/

起業のツボ

顧客の立場になって、あなたの商品やサービスを探すとき、どんなキーワードで検索するか、と考えることがキーワードのリストアップのコツ。

55

SEO対策の基本②　コンテンツを作る

キーワードは見込み客の質問と考える

キーワードをリストアップしたら、次はそのキーワードに対応するサイトやブログを作成します。

たとえば、ブログの件名が「腰痛改善の治療のために来院した患者さんの感想」で、ブログの記事内容に来院した患者さんから頂いた治療や改善結果についての感想や経験談を語ってもらったアンケート用紙をスキャニングして画像にしてアップし、その内容の説明を入れれば、先にリストアップした「腰痛　改善　治療　水戸市　感想」というキーワードに対応したコンテンツになります。

同様に、サイトのコンテンツとして「私は腰痛治療のエキスパートとして水戸市で開院している鈴木です。当院の特徴は……」といった内容を掲載した場合には「腰痛　治療　エキスパート　水戸市」というキーワードに対応したコンテンツになります。

このように、**リストアップしたキーワードごとに対応したコンテンツを持つサイトやブログを作成するのがSEOの基本です。**

そして、それぞれのコンテンツ内に自店の連絡先や問い合わせ方法を入れたり、あるいはお店の専用サイトにリンクを張ることによって、検索した人たちからの連絡や問い合わせや予約を受けることになります。

コンテンツは、「検索キーワードとは見込み客の質問だ」と考えると作りやすくなります。たとえば、腰痛に悩む人から「痛みを改善するストレッチ方法はないだろうか？」という質問が多いなら、腰痛改善に効くストレッチ法を記事と写真、または動画のコンテンツを作成すればよいことになります。

また、「腰痛　治療　水戸市　電話」と検索する人がいるとすると、その人は「水戸市内で腰痛を治療してくれるお店の電話番号は？」と質問をしているわけです。このキーワードに対応するためには、ブログの件名を「腰痛治療で水戸市で10年の実績○○院は電話やメールでご予約を！」とし、記事の中身にはあなたのお店のサービス内容や料金、電話番号等を入れます。

これ以後の項目でもSEOに関しての基本的なテクニックを解説していきますが、どれも単なるテクニックに過ぎません。**SEO対策の原則は、『キーワードに対応した良質なコンテンツ作りにある！』ということを忘れないでください。**

ひとり起業家にとって、広く商品やサービスを認知させるにはSEOの実務の理解は絶対条件です。そこで、面倒がらずにSEOに関する書籍は最低1冊は熟読しておくことです。

起業のツボ

顧客からの質問が多そうなことからキーワードを考え、そのキーワードに応じたコンテンツを文章や動画で作る。

56

SEO対策の基本③　ワードプレスを使う

ワードプレスでSEO効果を早くする

現在のSNSでSEO対策上最も効果があるのはワードプレスを使ったサイトやブログです。ワードプレスとは無料で使えるブログやサイト作成ソフトウェアのことです。

私自身も無料ブログサービスやホームページとは別にワードプレスでサイトを作成しましたが、確かにSEO効果はあると実感しています。

・ワードプレスで作成した著者のサイト

https://toshio.biz/

固定ページとしてのホームページ作成と、日々の情報を更新するためのブログ機能のどちらも使えるのがワードプレスの特徴ですが、サーバーの用意、ドメインの取得、SSLの設定、ワードプレスの導入、テンプレートやプラグインの選定とインストールといったことを基本的には自分で行う必要があります。そのため、初心者には難易度が高いのも事実です。

そこで、最初は以降に紹介する比較的操作の簡単な無料ブログやSNSを使いながら、徐々に書籍やネット情報を参考にワードプレスの導入を検討するといいでしょう。

起業のツボ

ネット初心者であっても、SEO効果の高いワードプレスの導入は要検討。入門書でまずは概要をマスターする。

57

SEO対策の基本④ ユーチューブを使う

1〜2分程度のものからはじめる

ネット初心者がSEO対策として比較的取り組みやすいのがユーチューブです。まずは1〜2分程度のものからはじめて、10分以上の動画を目指します。

SEO対策を考慮したユーチューブの投稿の原則は次の3点です。

(1) 動画の件名にキーワードを入れる

(2) 説明欄にサイト案内とURLを書く

(3) タグ欄にキーワードを入力する

(1)タイトルの付け方で一番重要なのは「対応したいキーワードを冒頭に入れる」ことです。そして、文字数を20〜30文字以内に収めます。スマートフォンでの表示を考慮すると27文字以下がベストです。具体的には「腰痛を改善する3分ストレッチ　【○○整体院】」といったタイトルの付け方になります。

(2)説明欄に後ほど説明するサイトの案内文とURLを記入します。具体的には「腰痛を改善する！○○整体院サイト　https://toshio.biz/」といった記述になります。もちろん、複数のサイトの案内文とURLを記入してもOKです。この欄に「#腰痛」のように、ハッシュタグを入力することもできます。ハッシュタグとは、#マークから始まるキーワードのことです。

そして、ハッシュタグの数は5個程度にとどめます。

(3)タグ欄に入力するキーワードは(2)のような他のSNSで使われる「#腰痛」のようなハッシュタグではなく、ユーチューブに対してその動画がどんなジャンルなのかを知らせるためのものです。他の動画が再生された場合に関連動画として表示されるかどうかに影響します。もちろん、動画自体は件名に含めたキーワードに関連するコンテンツを投稿するのが基本です。

起業のツボ

最初はスマートフォンで撮影した1～2分程度のものを投稿してみる。慣れてきたら10分以上の編集動画に本格参入しよう。

58

SEO対策の基本⑤　ブログを使う

ブログには4つのSEO対策を盛り込む

●アメブロの活用

ユーチューブと並んでネット初心者がSEO対策として取り組みやすいのは、無料ブログサービスです。始めやすさや信頼性、知名度などを考慮すれば、アメーバブログ（アメブロ）がお勧めです。

ブログのSEO対策の基本は次の4つです。

(1) 件名にキーワードを入れる
(2) 見出しをシンプルにわかりやすくする
(3) 本文冒頭にもキーワードを含める
(4) ハッシュタグを設定する

(1)リストアップしたキーワードを件名に入れます。キーワードはなるべく件名の冒頭に入れるようにします。

(2)記事本文には見出しを設定します。アメブロの場合には、記事タイトルが「h1」というタグに自動的に設定されますので、記事中の見出しは「大見出し=h2」「中見出し=h3」で設定します。

このような見出しタグで設定された文字をグーグルは強調したい大事な言葉として認識します。

(3)記事の冒頭部分にも、違和感なくキーワードを入れるようにします。

(4)記事画面の下にある「ハッシュタグ」にもキーワードを記入します。

●フォロワーを増やす

アメーバブログを利用する最大のメリットはフォロワー(=読者)を能動的に増やすことができることです。

ブログのフォロワーは、良質な記事コンテンツを間隔を置かずに継続的に投稿することで、自然発生的に増えることが理想です。しかし、ブログを使い始めたばかりではフォロワーが少ないと投稿のモチベーションも上がりませんし、影響力も生まれません。そこで利用したいのが、アメーバブログのフォロワー機能です。

良質な記事を書き続けること以外でフォロワーが増えるタイミングは次の2つです。

(1) 他のブログで記事が紹介されたとき

(2) こちらから相手に読者登録した後

(1)はあなたが有益な記事を書くことで他のブロガーがあなたの記事を紹介をしてくれたり、インフルエンサーと呼ばれる人の目に止まり、SNSでシェアしてくれたときにフォロワーが発生します。しかし、紹介やシェアが発生するかどうかは、自分ではコントロールできません。

しかし、(2)はアメーバブログであれば、ある程度能動的にコントロールが可能です。そのためにやるべきことは次の2つです。

●良質な記事を30～50ほど投稿する

●自分から相手をフォローする

まず、あなたが専門的で、読者に有益な記事を書いて投稿します。その後で、あなたから相手のブログをフォローをします。アメーバブログでは相手のブログをフォローするときに「フォローしたことを相手に知らせる」「フォローしてメッセージを送る」ことができるので、あなたがフォローしたことは相手に伝わります。

すると、大半の相手はあなたの記事を読んでくれます。そこで、気に入ってくれた場合には、相手もあなたのブログをフォローしてくれます。経験則ではこちらからフォローをした場合には、5割以上の人がこちらのブログもフォローしてくれます。

この場合のポイントは、自分と同業のブログをフォローしている人に対してフォローするのが基本となります。つまり、あなたが中小企業を対象とした経営コンサルタントであれば、他の経営コンサルタントが記事を投稿しているブログをフォローしている人を、あなたがフォローするとその人は見込み客である確率が高いということです。

●アメブロでフォロワーを増やすもう1つの方法

もう1つ、アメーバブログを使って見込み客となりそうな相手をフォローする方法を紹介します。

アメーバブログのパソコン管理画面の上部に「ブログジャンル」というメニューがあります。そのメニューをクリックすると公式ジャンル名が表示されます。

たとえば、あなたがガーデニング用品を販売しているとします。この場合、ガーデニングに興味のある人をフォローすると、相手もあなたをフォローしてくれるかもしれません。

公式ジャンルの中に「DIY・インテリア・暮らし」という大ジャンルがあり、その中に「ガーデニング」という小ジャンルがあります。その「ガーデニング」をクリックすると「総合ブログランキング」と書かれたランキングが表示されます。ここには「ガーデニング」ジャンルで人気のあるブログが表示されています。

上位にランキングされている適当なブログ名をクリックして、そのブログを表示します。たいていブログのサイドバーに「このブログのフォロワー」と書かれている箇所がありま す。その欄の右下に「一覧を見る」と書かれている箇所があります。そこをクリックするとそのブログのフォロワー全員が表示されます。

前項で説明したように、この人たちをあなたがフォローしていくと、確率的に相手があなたをフォローしてくれます。

同様に、釣り具を販売しているなら公式ジャンル「娯楽・趣味」の中の「釣り」ジャンルで、ダイエット関連のビジネスなら公式ジャンル「ファッション・コスメ」の中の「ダイエット記録」ジャンルでフォローすればいいということです。

起業のツボ

アメーバブログのジャンルメニューを使ってフォロワーを増やし、あなたの情報をどんどん拡散していく。

59 ブログの情報拡散ツールを増やす

SEO対策の基本⑥　ツイッター、フェイスブック、インスタグラム、LINE

●拡散ツールとしての活用

ＳＥＯ対策のツールとして考えた場合、フェイスブック、ツイッター、インスタグラムには効果はありません。これらに投稿した記事やツイートはグーグルの検索結果には反映されないからです。

しかし、拡散ツールとしては活用できます。たとえば、ブログで記事を更新し、その更新の案内をフェイスブック、ツイッターで流すという使い方です。

まず、あなたがアメーバブログに記事を投稿します。そしてフェイスブックで「アメブロを更新しました」と投稿すると、あなたのフェイスブックの友だちやフォロワーがあなたのブログを見てくれるという流れを作ります。ツイッターも同様です。

フェイスブックやツイッターのアクセスが増えると、グーグルのあなたのブログへの評価も上がるので、結果としてＳＥＯ対策に有効ということになります。

特にツイッターの場合は、アメーバブログのフォロワーと同様にあなたの見込み客に絞って増やすことが簡単にできます。そのために使えるウェブサイトが、ツイッターユーザーのプロフィールが検索できる**「ツイプロ」**です。

●フェイスブックの3つの活用法

フェイスブックにはSEO効果はないと先述しましたが、次の3点においては大変有効です。

(1) 記事の拡散
(2) ブランディング
(3) 顧客フォロー

(1)「記事の拡散」は前述のとおり、アメーバブログに記事を投稿して、フェイスブックで「アメブロを更新しました」とお知らせすることで、あなたのフェイスブックの友だちやフォロワーをあなたのブログに誘導します(もっと簡単にアメブロで記事を投稿した直後の画面に表示されるフェイスブックボタンから、そのままシェアすることができます)。

(2)「ブランディング」としての活用は、そもそもフェイスブックは自己PRのツールでもあります。よって、あなたの商品やサービスの利用対象となる人たちに、あなたのビジネスが他の商品やサービスと比べてどのように優れているか（差別化）、あなた自身がそのビジネスにどれほどこだわりを持って取り組んでいるか（ビジョン）などを、フェイスブックで日々お知らせするのです。ブランディングは長期的な活動の末、対象に響いていくので、伝えたいことは軸をぶらさず、素直な言葉を使いながら、フェイスブックを読む人と長い付き合いをしましょうという気持ちで取り組むことが大切です。

私自身のフェイスブックの投稿記事の9割は講演に関するものです。一読して、どのような実績があるのか、どのようなクライアントとどのような仕事をしているのかがわかるようになっています。

(3)「顧客フォロー」のツールとしては、たとえば一度仕事で接点のあった方がフェイスブックを使っているのであれば、日常的に『いいね』を押したり、コメントを書くことで相手と好意的な関係が続いていきます。

お会いした方に礼状などを送ることは実践してほしいですが、すぐに謝意を伝えたいとき、折に触れて相手との関係性を維持し続けたい場合に、フェイスブックはとても優れた手段だと実感しています。

●インスタグラムをブランディングに活用

インスタグラムもグーグルの検索結果を重視したSEO効果はありません。そのためよほどあなたが〝インスタ映え〟する商品を扱っているか、〝インスタ映え〟する環境（店舗、立地）にいるか、あるいはあなた自身が影響力のあるインフルエンサーであるか以外はビジネス上の効果はありません。

しかし、インスタグラムの利用者の増加傾向を考えると、今後サービスやシステムの改変があり、検索結果がグーグルに表示される可能性も否定できませんから、インスタグラムも利用をしておくことは大事です。

特に前述のフェイスブックの利用方法でも紹介したブランディングツールとしては現状のインスタグラムも有効です。その場合、投稿する内容はブランディングを意識した写真や記事にこだわります。そして、プロフィールページには、あなた自身や会社やお店の概要、ビジネスの理念、仕事内容をわかりやすくしておきます。さらに、本サイトやブログへ誘導できるＵＲＬを記載しておきます。

インスタグラムでは投稿した記事内から特定のサイトへのＵＲＬのリンクを張ることができませんが、プロフィールページに書かれたＵＲＬにはリンクが設定されます。

また、投稿記事にはハッシュタグを記載します。このハッシュタグはインスタグラム内で検索することができますので、写真や記事と一緒に投稿すると見つけてもらいやすくなります。

インスタグラマー（インスタグラムで多くのフォロワーを持ち大きな影響力を持っている人のこと）と呼ばれる人たちもハッシュタグを数多く付けています。そのため、フェイスブックやツイッターとは異なり、ハッシュタグを多く付けても、それほど印象は悪くなりません。

たとえば、あなたがガーデニング用品を販売しているとしたら、手入れされた庭の写真と一緒に「#ガーデニング　#ガーデニング用品　#ガーデニングＤＩＹ」といったハッシュタグを、手作りブーケを販売しているのであればブーケの写真とともに「#ブーケ　#ブーケ手作り　#ブーケＤＩＹ」といったハッシュタグを投稿しておくと、インスタグラムを利用している他の人から検索されやすくなります。

インスタグラムでは30個まではハッシュタグを付けることができますが、10個前後を目安に投稿するとよいでしょう。

●LINEの一斉配信サービス

日本ではLINEがもはやコミュニケーションのインフラとも言えるほどに多くの人に利用されています。そこで、LINEを認知拡大や集客に活用します。

LINEを利用するにはまずはLINE公式アカウントを開設します。LINE公式アカウントではいくつかのサービスが提供されますが、認知拡大や集客で使う機能はメッセージの一斉配信サービスです。メルマガと同様に、同じ情報を多数に一斉に届けるサービスです。

メッセージの送信は月間1000通数までは無料で利用できます（LINE公式アカウントで配信できる無料メッセージは3吹き出しまでを1回として「メッセージを送った回数×送った友だちの数」を通数としてカウントします。1000通数以上送りたい場合は有料プランになります）。

ビジネス目的でSNSを活用する際にプッシュ型ツールとして使えるのはメルマガとLINEだけですが、メルマガの開封率は10％程度で、LINEの開封率は60％程度だと言われています。

さらに、メルマガは迷惑フォルダーに振り分けられてしまう確率も高いため、そうした意味でもLINEの活用はお勧めです。

●LINEは週1配信1画面1メッセージの基本を守る

LINEは毎日のようにメッセージを送ると相手（受信者）からはしつこいと思われて、ブロックされる懸念に注意が必要です。

また、500文字×3吹き出し＝1500文字まで1回で送信可能といっても、1500文字目いっぱいの文字量では、内容がよほど相手に有益でないかぎり、ただうんざりさせるだけです。これでは、せっかくあなたのメッセージに関心を寄せてくれたユーザーに、逆に嫌われかねません。

そこで、LINEメッセージの基本ルールとして、次の3つに留意してください。

(1) 配信するのは週に1度。決まった曜日の決まった時間に配信

(2) スマホ画面をスクロールせずに読めるよう1画面内でメッセージが収まるように、おおよそ200〜300文字程度に収める

(3) 伝えたいメッセージは1つに絞る

購入促進を目的とするなら、訴求する商品は1つに絞ります。予約受付を目的とするなら、掲載するフォームのURLリンクは1つに絞ります。ブログを読んでほしいのであれば、メッセージはブログへの誘導に絞ります。

起業のツボ

プッシュ型ツールとして有効なLINEも使い方によってはブロックされてしまうことに注意。はじめは週1配信1画面1メッセージを心がける。

Coffee Break

松下幸之助「商売戦術三十ケ條」

パナソニック株式会社で講演を行った際に、『松下幸之助「商売戦術三十ケ條」』を同社の方から頂きました。私は折に触れて読み返していますが、この教えを何度も声に出して読み込んで実践すれば、必ず良き経営者になると信じています。

起業すると、毎日が判断の連続です。そのときに、指針となる考え方があると迷いがなくなります。

そのなかからいくつか抜粋して紹介します。

第一条　商売は世の為、人の為の奉仕にして、利益はその当然の報酬なり。
第六条　売る前のお世辞より売った後の奉仕、これこそ永久の客をつくる。
第八条　資金の少なきを憂うなかれ。信用の足らざるを憂うべし。
第十条　百円のお客様よりは一円のお客様が店を繁昌させる基と知るべし。
第十一条　無理に売るな、客の好むものを売るな、客の為になるものを売れ。
第十三条　品物の取り換えや返品に来られた場合は売った時よりも一層気持ちよく接せよ。
第十六条　自分の行う販売がなければ社会は運転しないという自信を持て、そして、それだけに大なる責任を感ぜよ。
第十八条　紙一枚でも景品はお客を喜ばせるものだ、つけてあげるもののない時は笑顔を景品せよ。
第二十五条　常に考えよ、きょうの損益を。今日の損益を明らかにしないでは寝につかぬ習慣にせよ。
第二十六条　「あの店の品だから」と信用し、誇りにされるようになれ。
第二十八条　店先を賑やかにせよ、元気よく立ち働け、活気ある店に客集まる。
第三十条　商人には好況・不況はない、いづれにしても儲けねばならぬ。

毎日一条ずつ心がけて実行していくと、一ヶ月で一巡します。日々の経営方針として活用してみるのもいいでしょう。

おわりに

商売は1／100の積み重ね

私自身、人生100年時代に小さな起業、ひとり起業家という生き方は自分の知識、経験、やる気、アイデア、趣味、能力を活かして、周りの人から感謝されて、収益も生み出せる素敵な生き方だと実感しています。

本書では、そのような生き方を目指すあなたのために私の30年近いひとり起業家としての経験から小さな事業に役立つ事柄について紹介してきました。

あなたも、この本に書いてあることで参考になることがあれば、ぜひ自分なりのやり方に合わせて取り入れていただければと思っています。

以前、私は、経営の師匠の方から名刺の作り方、POPの書き方、看板の作り方、接客の仕方、セールス法、話術、商品の差別化方法、DMの書き方や送り方、仕事の受注の仕方、飲み会の席での注意点等、様々なことを教えていただきました。

そして、師匠から次のように言われました。

「名刺を作ったからといって、すぐにお客様が一気に増えるわけではない。

ＰＯＰを変えたからといって、明日から商品がどんどん売れるわけではない。

看板を変えたからといって、来月から売り上げが一気に上がるわけではない。

商売は１／１００の積み重ね。

１／１００を２つ、３つ、４つと積み重ねて、１／１００を１００積み重ねる。

商売はあの手この手にもう一丁。

できることは全部やれ。」


私自身も起業してからの30年近いその経験から、本当に「商売は１／１００の積み重ね」であると実感しています。


「もうこれ以上やれることはない」

そう思ったところから本当に商売は面白くなります。

「万策尽きた」

そう感じたときから本当の商売人の真価が問われます。

10や20程度のアイデアは誰でも出ます。
10や20程度の挑戦は誰でもします。
でも、それでは全然足りない。

「私がやった仕事で本当に成功したものは、全体のわずか1%にすぎないということも言っておきたい。99%は失敗の連続であった。そして、その実を結んだ1%の成功が現在の私である。」

これは自動車メーカーのホンダ創業者・本田宗一郎氏の言葉です。グローバル企業を一代で築き上げた名経営者であっても、手掛けた仕事のその成功確率は1%だったわけです。

ましてや、私たちは小さなひとり起業家です。

1つ2つの実行、10や20の実践ではチャレンジの量は全然足りません。

だから、あなたもできることはすべてにチャレンジしてほしいと思います。

商売は1／100の積み重ね。

あなたが自分で決めた目標を実現すること、そしてひとり起業家として自由で充実した時間と、感謝と幸福感と高揚感に包まれた毎日を送ることを心から願っています。

２０２０年５月

酒井とし夫

■読者特典

読者特典としてひとり経営、小さな起業、小商い、ひとり起業家に役立つ次の動画視聴をプレゼントいたします。

- 小さな起業でやってはダメなこと！ＰＡＲＴ１
- 小さな起業でやってはダメなこと！ＰＡＲＴ２
- 人前で魅力的なスピーチや話しができるようになるセミナー
- 起業・経営マーケティング講座「商品の価値とは？」
- 起業・経営マーケティング講座「ニーズとウォンツを考えよう」
- 起業・経営マーケティング講座「商品の特徴を伝える」
- 起業・経営マーケティング講座「ビジネスでは何をやるかが勝負」
- 起業・経営マーケティング講座「あなたはいったい何屋？」
- 起業・経営マーケティング講座「理想の客は誰か？」
- 起業・経営マーケティング講座「ネットで売れない７つの原因」

・起業・経営マーケティング講座「当たるも八卦」
・起業・経営マーケティング講座「昔々あるところに…」
・起業・経営マーケティング講座「実践億万長者入門」

ご希望の方はＬＩＮＥ公式アカウントにご登録ください。すぐに視聴サイトの案内をお送りします。

●酒井とし夫ＬＩＮＥ公式アカウント

ＬＩＮＥ ＩＤ／@izi8687f

ＱＲコード

●詳細案内サイト

https://ssl.middleage.jp/line/reg.html

※「酒井とし夫ＬＩＮＥ登録」または「酒井とし夫ライン」で検索してください。

■参考資料

『小さく始める起業のルール』（CD版、ランチェスター経営株式会社　竹田陽一）
『経営計画の立て方』（CD版、ランチェスター経営株式会社　竹田陽一）
『ブルー・オーシャン戦略』（W・チャン・キム／レネ・モボルニュ著、有賀裕子訳、ランダムハウス講談社）
『私に売れないモノはない！』（ジョー・ジラード著、石原薫訳、フォレスト出版）
『いちばんやさしいSEO入門教室』（ふくだたみこ著、ソーテック社）
「小さなお店&会社のWordPress超入門」（星野邦敏／他著、技術評論社）
『田中真澄の88話』（田中真澄著、ぱるす出版）
『客が客を呼ぶ「集団感染」のスゴイ仕掛け』（プロフェッサー杉村／他著、ぱる出版）
「TCD WordPressテーマ　サイト」

MEMO

MEMO

MEMO

酒井とし夫（さかい　としお）

ファーストアドバンテージ有限会社代表取締役。

プロ講演家（累計講演回数1000本超）、ランチェスター経営認定講師、米国NLP心理学協会認定ビジネスマスター、米国NLPプラクティショナー、米国NLPコーチ、GCSコーチングコーチ、コミュニケーション心理学マスター、LABプロファイル・プラクティショナー有資格者。

1962年4月10日生、B型。新潟在住。立教大学社会学部卒。中堅広告会社勤務後28歳で独立し、広告制作会社を設立。以降、モデル派遣、撮影ディレクション、アイデア商品販売、キャラクターグッズ販売、露天商、パソコン家庭教師派遣、パソコン教室等数々のビジネスを立ち上げる。40歳で事業に失敗し無職無収入となり、さらに全治6ヶ月の絶対安静で長期入院をするも、再起業してビジネス電子書籍、CD、セミナーDVDを年間で1万3900本以上販売し、1年で1億円を売り上げる。現在、日本全国の商工会議所、商工会、行政団体、上場企業から講演依頼を受ける人気講師として活躍中。

著書：『心理マーケティング100の法則』『人生が大きく変わる話し方100の法則』『売り上げが3倍上がる！販促のコツ48』『売れるキャッチコピーがスラスラ書ける本』『小さな会社が低予算ですぐできる広告宣伝心理術』（以上、日本能率協会マネジメントセンター）、『どん底からの大逆転！』（大陽出版）

酒井とし夫公式サイト：https://ssl.middleage.jp/sakaitoshio/
酒井とし夫　公式サイト　で検索
酒井とし夫公式ブログ　https://toshio.biz/

小さくはじめる起業の教科書

2020年5月30日　初版第1刷発行

著　者――酒井とし夫

発行者――張 士洛
発行所――日本能率協会マネジメントセンター
〒103-6009 東京都中央区日本橋2-7-1　東京日本橋タワー
TEL 03(6362)4339(編集)／03(6362)4558(販売)
FAX 03(3272)8128(編集)／03(3272)8127(販売)
http://www.jmam.co.jp/

装　丁――冨澤 崇（EBranch）
本文DTP――株式会社森の印刷屋
印刷・製本――三松堂株式会社

ISBN 978-4-8207-2794-1 C2034
落丁・乱丁はおとりかえします。
PRINTED IN JAPAN